Kochen quick & easy

Rezept	Seite	Kalorien/Portion	Aus dem Grundvorrat	Schnell	Gelingt leicht	Preiswert	Gut vorzubereiten	Für Gäste	Raffiniert	Vegetarisch
Kartoffelcremesuppe mit Krabben	6	360		●	●			●	●	
Herzhafte Tomatensuppe	6	280		●	●	●				
Rote-Bete-Cremesuppe	8	130		●	●	●		●	●	
Italienischer Gemüsetopf mit Huhn	9	780			●			●		
Bohneneintopf mit Lamm	10	470			●			●	●	
Linsensuppe	10	525		●	●				●	
Lauchtopf mit Schillerlocken	12	815		●	●	●		●	●	
Wirsingeintopf mit Bratwürstchen	13	450	●		●	●				
Senfgurkencreme mit Krabben	14	320	●	●			●		●	
Sauerkrautsuppe mit Apfel	14	215		●	●	●				
Bohnensalat mit Kronsild	18	245	●	●	●		●	●	●	
Marinierte Semmelknödel	18	270	●		●	●	●			
Gyrossalat mit Mais	20	350		●	●	●		●		
Linsensalat mit Schillerlocken	20	630		●	●	●	●			
Asiatischer Gemüsesalat	21	320		●	●		●	●	●	
Bohnensalat mit Schafkäse	21	760	●	●	●		●			
Gnocchisalat mit Thunfisch	22	260	●	●	●	●				
Tortellinisalat mit Pfifferlingen	22	395	●	●				●	●	●
Marinierter Tintenfisch	24	210	●		●		●		●	
Reissalat mit Erbsen und Shrimps	25	370	●	●	●		●	●	●	
Matjes mit Kräutersauce	26	675		●	●		●			
Broccolimousse mit kleinem Salat	26	240					●	●	●	●
Kalbsröllchen in Tomatensauce	30	410			●			●	●	
Gemüsepfanne mit Pesto	30	300	●	●	●	●				●
Hähnchenschenkel in Sherrysauce	32	295			●				●	
Pastetchen mit Krabbenragout	33	355	●	●	●		●	●	●	

Rezept	Seite	Kalorien/Portion	Aus dem Grundvorrat	Schnell	Gelingt leicht	Preiswert	Gut vorzubereiten	Für Gäste	Raffiniert	Vegetarisch
Fleischbällchen in Erbsen-Sahnesauce	34	360	●	●	●	●		●		
Fischpfanne mit Gemüse	35	285		●	●	●			●	
Geschnetzeltes in Rotweinsauce	36	415			●			●	●	
Szegediner Gulasch	36	310		●	●		●			
Putenragout in Pilzsauce	38	540		●	●				●	
Riesenrösti mit Kräutern	38	270	●	●	●					●
Asiatische Gemüsepfanne	39	405	●	●	●			●	●	
Gemüsetortilla	39	315		●	●			●	●	●
Calzone mit Spinat und Thunfisch	42	425	●		●			●		
Gemüse-Kartoffel-Gratin	42	460			●	●	●			
Crêpes mit Pilzfüllung	44	385					●			●
Lauchtarte mit Gorgonzola	45	500			●	●		●		●
Rosenkohlgratin mit Putenbrust	46	480		●	●			●		
Schweinemedaillons	46	750		●	●			●		
Gemüse-Nudelgratin mit Würstchen	48	620	●	●	●	●	●			
Gemüsequiche mit Pinienkernen	49	685	●					●	●	●
Seelachsfilet auf Spinatbett	50	236						●	●	
Geflügelsteaklets auf Rahmwirsing	50	455		●	●	●		●	●	
Gratinierte Schupfnudeln	54	630		●	●	●			●	●
Pflaumengrütze mit Vanilleeis	54	250	●		●	●	●	●		●
Gratinierte Birnen mit Marzipan	56	555		●	●			●	●	●
Reisauflauf mit Himbeeren	57	515			●					●
Kokosterrine mit Litschies	58	480					●	●	●	●
Gefüllte Pfannkuchen	58	470			●		●			●
Torteletts mit Aprikosen	60	315	●	●	●	●		●		●
Zitrus-Käsetorte	60	400		●	●		●	●		●

Wegweiser

Suppen und Eintöpfe

Als Auftakt eines Menüs, als Mittagsimbiß, leichtes Abendessen oder zum Sattessen: Suppen und Eintöpfe jeder Art sind hier unschlagbar. Das Angebot unter den Convenience-Produkten ist enorm, vom Suppensnack, der nur mit heißem Wasser aufgegossen und umgerührt werden muß, zu Suppen aus Dosen, Päckchen und der Tiefkühltruhe. Es ist für reichlich Abwechslung gesorgt, und mit ein paar Tricks können Sie ein einfaches Süppchen auch ganz schön aufmotzen.

Die klare Suppe

Vielseitig ohne Ende ist klare Brühe, die es flüssig als Fond im Glas, als Würfel oder gekörnte Brühe zu kaufen gibt.

Die schlichte Brühe von Rind, Kalb oder Gemüse können Sie mit unterschiedlichen fertig gekauften Einlagen von deftig bis nobel durchstylen. Die Regale und Truhen der Supermärkte haben hierfür ein reichhaltiges Angebot, das ich Ihnen auf der nächsten Seite näher vorstelle. Besonders eindrucksvoll ist eine Blätterteighaube: Dafür einfach Blätterteig in Größe der (backofenfesten) Suppentassen ausrollen, auf die Tassen geben, gut festdrücken, mit Eigelb bestreichen und für 10 Min. bei 180° in den Backofen stellen. Darunter könnte sich ein klares Süppchen mit ein paar Safranfäden und edlen Fischstücken, Garnelen oder Gemüseperlen verstecken.

Ein eindrucksvolles Versteck für eine klare Suppe kann eine Blätterteighaube sein.

Die Einlage macht's!

Gemüse
können Sie schon vorbereitet kaufen, z. B. tiefgefrorenes Suppengemüse, das sich auch als Einlage in eine Brühe anbietet. Oder Sie bereiten es frisch in Form von

Julienne: streichholzfein geschnittene Streifen von Möhren, Lauch, Kohlrabi, Zucchini oder Sellerie. Attraktiv sind auch mit einem kleinen Kugelausstecher geformte Kugeln

aus Möhren, Zucchini, Gurken, Kohlrabi und Sellerie. Beide, Julienne und Kugeln garen noch kurz in der heißen Brühe.

Teigwaren
sind als Suppeneinlage immer beliebt. Neben Nudeln gibt es Croûtons (gebratene Weißbrotwürfel), Backerbsen und Pfannkuchenstreifen bereits fertig zu kaufen. Sie werden in die heiße Suppe gestreut. Gemüsespätzle, Maultaschen und Ravioli mit verschiedenen Füllungen aus dem Kühlregal müssen noch in der Suppe kurz fertiggaren.

Knödel und Klößchen
werden in verschiedenen Geschmacksrichtungen fertig angeboten: Grießnocken gibt es tiefgekühlt, Leberknödel- und -spätzle sowie Markklößchen in der Kühltheke, in der Dose oder frisch beim Metzger. Raffiniert und schnell sind auch Brätklößchen:

Einfach die Füllung einer Bratwurst klößchenweise in die heiße Brühe drükken und 5 Min. garziehen lassen.

Gegarter Reis
kann auch gut in der Brühe Verwendung finden, genauso frische Zutaten wie Fisch- und Geflügelstücke, die noch ein paar Minuten in der Brühe garen müssen.

Die cremige Suppe

Fertige Cremesuppen werden im Päckchen, in der Dose, tiefgekühlt und sogar schon fix und fertig im Kühlregal angeboten, von der einfachen Gemüsecremesuppe bis hin zur edlen Lachscreme. Cremesuppen sind als kleiner Imbiß rund um die Uhr super, weil sie angenehm satt machen.

Mit folgenden Zutaten und Tricks können Sie sie noch verfeinern:
- frische, feingehackte Kräuter untermischen
- mit Wein, Sherry oder Zitronensaft abschmecken
- steif geschlagene Sahne zum Schluß unterheben, das macht die Suppe schön locker
- kurz vor dem Servieren mit dem Pürierstab aufschlagen
- mit Croûtons bestreuen
- je nach Sorte Schinkenstreifen, Krabben oder Räucherlachs untermischen.

Eintöpfe – die Sattmacher

Alle lieben Eintopf, weil er Leib und Seele wärmt. Und weil er so schnell und einfach zuzubereiten ist, können Sie auch bei Spontanbesuch ganz ruhig bleiben.
Fertige Eintopfgerichte aus der Dose können Sie mit Hülsenfrüchten, Gemüse, Fleisch, Geflügel, Fisch, deftiger Wurst, Nudeln und Reis immer wieder neu abwandeln – ganz nach Lust, Laune und Vorräten.

Auf der Grundlage von Brühe können Sie mit folgenden Ideen raffinierte Gerichte zaubern:
- aus Kidneybohnen mit Mais, Tomaten und Thunfisch
- aus tiefgekühltem Broccoli mit Hühnerbruststückchen und Kurzzeitreis
- aus Möhren und Erbsen mit Würstchen
- aus tiefgekühltem Blattspinat mit Schafkäse
- aus Tomaten aus der Dose mit gebratenen Salamiwürfeln und Croûtons
- aus gemischten tiefgekühlten Pilzen mit Kasselerstücken.

Kartoffelcremesuppe mit Krabben

- Für Gäste
- Schnell

Für 4 Personen:

6 Stangen Staudensellerie
1 EL Öl
3/4 l Selleriesaft (aus dem Reformhaus)
200 g Sahne
4 Portionen Kartoffelsuppe (Instant)
2 Packungen gefriergetrocknete Krabben (je 20 g)
Salz · Pfeffer
Muskatnuß, frisch gerieben

Zubereitungszeit: 15 Min.

Pro Portion ca.: 1500 kJ/360 kcal
10 g EW/23 g F/28 g KH

1 Den Staudensellerie putzen, waschen, die Blättchen abzupfen und beiseite legen. Die Stangen in dünne Scheiben schneiden. Das Öl in einem Topf erhitzen und den Sellerie darin in 5 Min. weich dünsten.

2 Mit dem Selleriesaft und der Sahne aufgießen, aufkochen lassen. Den Topf vom Herd nehmen und die Kartoffelsuppe mit dem Schneebesen einrühren. Die Krabben untermischen und die Suppe 5 Min. bei schwacher Hitze ziehen lassen.

3 Die Sellerieblättchen fein hacken. Die Suppe mit Salz, Pfeffer und Muskat würzen. Zum Schluß die Sellerieblättchen einstreuen.

VARIANTE

Anstelle der Krabben können Sie 150 g Räucherlachs, in Streifen geschnitten, in die Suppe geben. Wenn's deftig sein soll, schmeckt auch Räucherwurst. Einfach in Scheiben schneiden und 5 Min. in der Suppe ziehen lassen.

TIP!

Anstelle der gefriergetrockneten können Sie auch Krabben aus der Kühltheke, aus der Dose oder tiefgekühlte verwenden. Dann brauchen Sie 200 g.

Herzhafte Tomatensuppe

- Preiswert
- Gelingt leicht

Die Suppe ist ideal als herzhafte Mitternachtssuppe.

Für 4 Personen:

200 g Kasseler · 1 EL Öl
1 große Zwiebel
1 Knoblauchzehe
2 Packungen passierte Tomaten (je 500 g)
Salz · Pfeffer
2 EL Saucenbinder
1 Bund Schnittlauch (Tip Seite 29)
4 EL Croûtons (Fertigprodukt)

Zubereitungszeit: 25 Min.

Pro Portion ca.: 1165 kJ/280 kcal
16 g EW/11 g F/33 g KH

1 Das Kasseler in etwa 1 cm große Würfel schneiden. Das Öl in einem Topf erhitzen und das Kasseler bei schwacher Hitze anbraten. Die Zwiebel und den Knoblauch schälen, fein hacken und mitbraten.

2 Die Tomaten dazugießen, aufkochen lassen und die Suppe 15 Min. zugedeckt köcheln, mit Salz und Pfeffer abschmecken. Den Saucenbinder unterrühren. Den Schnittlauch waschen, kleinschneiden und die Hälfte davon vor dem Servieren untermischen.

3 Die Tomatensuppe in Teller oder Tassen füllen, mit dem restlichen Schnittlauch und den Croûtons bestreuen.

VARIANTEN

Edler wird die Suppe, wenn Sie das Kasseler weglassen und zum Schluß noch 150 g geschlagene Sahne und 1 Bund feingehacktes Basilikum untermischen.
Für einen vegetarischen Eintop das Kasseler und den Saucenbinder weglassen. Dafür 2 Dosen weiße, abgetropfte Bohnen und 1 Packung Rahmporree unter die Tomaten mischen und 20 Min. köcheln lassen. Das ist dann ein Hauptgericht.

Im Bild vorne: Herzhafte Tomatensuppe
Im Bild hinten: Kartoffelcremesuppe mit Krabben

Rote-Bete-Cremesuppe

- Raffiniert
- Für Gäste

Die Suppe paßt als Vorsuppe in einem edlen Menü, besonders gut zu Wild oder Fisch.

Für 4 Personen:

1 Zwiebel
1 EL Butter
1 Packung rote Bete, vorgegart (500 g, im Gemüseregal)
Salz · Pfeffer
1 Prise Cayennepfeffer
3/4 l Rote-Bete-Saft
5 EL Crème fraîche
1/2 Bund Schnittlauch (Tip Seite 29)
1 EL Aceto Balsamico

Zubereitungszeit: 20 Min.

Pro Portion ca.: 535 kJ/130 kcal
3 g EW/6 g F/16 g KH

1 Die Zwiebel schälen und fein hacken. Die Butter in einem Topf erhitzen und die Zwiebel darin weich braten.

2 Inzwischen die roten Beten grob raspeln. Zu der Zwiebel geben und kurz mitdünsten. Mit Salz, Pfeffer und Cayennepfeffer würzen.

3 Die roten Beten mit dem Saft aufgießen und aufkochen lassen. Die Crème fraîche unterrühren und alles 10 Min. köcheln lassen.

4 Inzwischen den Schnittlauch waschen und in feine Röllchen schneiden.

5 Die Suppe mit dem Balsamico abschmecken und nach Belieben nachwürzen. In Teller füllen und mit dem Schnittlauch bestreut servieren.

VARIANTE

So wird ein Eintopf daraus: 500 g klein gewürfelte Kartoffeln dazugeben und die Garzeit um 10 Min. verlängern. Nach Belieben können Sie noch 250 g geräucherte Entenbrust würfeln und 5 Min. in der Suppe erwärmen.

Italienischer Gemüsetopf mit Huhn

- Gelingt leicht
- Für Gäste

Für 4 Personen:

1 Zwiebel
2 Knoblauchzehen
2 EL Olivenöl
1 Packung tiefgekühltes italienisches Pfannengemüse (750 g)
1 l Gemüsebrühe
Salz · Pfeffer
je 1 TL getrockneter Thymian und Oregano
4 Hühnerbrustfilets
1 Bund Basilikum (Tip Seite 29)
8 Scheiben Baguette
60 g Kräuterbutter (Fertigprodukt)

Zubereitungszeit: 30 Min.

Pro Portion ca.: 3255 kJ/780 kcal
58 g EW/34 g F/44 g KH

1 Die Zwiebel und den Knoblauch schälen und fein hacken. Das Olivenöl in einem Topf erhitzen, Zwiebel und Knoblauch darin anbraten, das Gemüse dazugeben und 5 Min. braten.

2 Mit der Gemüsebrühe aufgießen und mit Salz, Pfeffer, Thymian und Oregano würzen. Das Gemüse aufkochen und zugedeckt 15 Min. köcheln lassen.

3 Die Hühnerbrustfilets in mundgerechte Stücke schneiden, in den Eintopf geben und in 10 Min. bei schwacher Hitze garen.

3 Inzwischen das Basilikum waschen, abzupfen und vier schöne Blättchen beiseite legen, die restlichen in schmale Streifen schneiden. Den Eintopf abschmecken, die Basilikumstreifen untermischen und mit den restlichen Basilikumblättchen garnieren.

4 Die Weißbrotscheiben toasten, mit der Kräuterbutter bestreichen und zu dem Eintopf reichen.

VARIANTE

Für eine vegetarische Version des Eintopfs können Sie anstelle der Hühnerbrust gewürfelten Räuchertofu und Croûtons verwenden. Den Tofu nur erwärmen und die Croûtons am Schluß über die Suppe streuen.

Bohneneintopf mit Lamm

- Für Gäste
- Raffiniert

Für 4 Personen:

500 g Lammfleisch aus der Keule
1 große Zwiebel
2 Knoblauchzehen
2 EL Olivenöl
3 EL Tomatenmark
3/4 l Fleischbrühe
1 Dose Kidneybohnen (250 g Inhalt)
1 Packung tiefgekühlte grüne Bohnen (450 g)
Salz · Pfeffer
1 Prise gemahlener Rosmarin
2 EL Saucenbinder
1 Bund glatte Petersilie (Tip Seite 29)

Zubereitungszeit: 40 Min.

Pro Portion ca.: 1965 kJ/470 kcal
30 g EW/28 g F/27 g KH

1 Das Lammfleisch in 1 cm große Würfel schneiden. Die Zwiebel und den Knoblauch schälen und fein hacken.

2 Das Olivenöl in einem breiten Topf erhitzen und die Fleischwürfel kräftig anbraten. Den Knoblauch und die Zwiebel untermischen und kurz mitbraten. Das Tomatenmark unterrühren, die Fleischbrühe dazugießen und alles aufkochen lassen.

3 Die Kidneybohnen abgießen, mit den grünen Bohnen zum Fleisch geben und mit Salz, Pfeffer und Rosmarin würzen. Den Eintopf weitere 15 Min. bei mittlerer Hitze köcheln lassen.

4 Den Saucenbinder untermischen. Die Petersilie waschen, abzupfen, fein hacken und zum Schluß dazugeben. Dazu paßt warmer, aufgebackener Sesamfladen.

Linsensuppe mit Rotwein und Entenbrust

- Gelingt leicht
- Raffiniert

Die Suppe paßt gut als Mitternachtssnack auf ausgedehnten Parties.

Für 4 Personen:

1 große Zwiebel
1 mittelgroße Möhre
1 EL Öl
4 EL Tomatenmark
200 ml Rotwein
1 große Dose Linsen (800 g Inhalt)
1/4 l Fleischbrühe
1 Packung Geflügelsahne-Sauce (1/4 l)
Salz · Pfeffer
1 geräuchertes Entenbrustfilet (etwa 250 g)
1 Bund Schnittlauch (Tip Seite 29)

Zubereitungszeit: 25 Min.

Pro Portion ca.: 2205 kJ/525 kcal
31 g EW/23 g F/40 g KH

1 Die Zwiebel schälen und fein hacken. Die Möhre schälen, längs vierteln und in kleine Würfel schneiden. Das Öl in einem Topf erhitzen, die Zwiebel und die Möhrenwürfel darin anbraten.

2 Das Tomatenmark unterrühren und mit dem Rotwein ablöschen. Die Linsen samt Saft mit der Fleischbrühe dazugeben und aufkochen lassen.

3 Die Geflügelsahne-Sauce unterrühren. Die Entenbrust in Würfel schneiden und dazugeben, aufkochen und 10 Min. bei schwacher Hitze köcheln lassen.

4 Den Schnittlauch waschen und in kleine Röllchen schneiden. Zum Schluß untermischen. Dazu paßt getoastetes Bauernbrot.

VARIANTEN

Anstelle von geräucherter Entenbrust können Sie auch Räucherwurst nehmen.
Für eine vegetarische Variante statt Entenbrust 450 g tiefgekühlten Rahmporree untermischen.

Im Bild vorne: Bohneneintopf mit Lamm
Im Bild hinten: Linsensuppe mit Rotwein und Entenbrust

Lauchtopf mit Schillerlocken

- Raffiniert
- Für Gäste

Dieser herzhafte Eintopf schmeckt in der kalten Jahreszeit besonders gut.

Für 4 Personen:

2 EL Butter
2 Packungen tiefgekühlter Rahmporree (je 450 g)
3/4 l Gemüsebrühe
200 g Sahne
Salz
Pfeffer
1 Prise Muskatnuß, frisch gerieben
500 g Schillerlocken
1 Bund Schnittlauch (Tip Seite 29)
1 EL Aceto Balsamico (Balsamessig)

Zubereitungszeit: 20 Min.

Pro Portion ca.: 3400 kJ/815 kcal
36 g EW/62 g F/27 g KH

1 Die Butter in einem Topf erhitzen und den Rahmporree dazugeben. Mit der Gemüsebrühe und der Sahne aufgießen, aufkochen und 15 Min. zugedeckt köcheln lassen, dabei ab und zu umrühren. Mit Salz, Pfeffer und Muskat würzen.

2 Inzwischen die Schillerlocken in mundgerechte Stücke schneiden. Den Schnittlauch waschen und in feine Röllchen schneiden.

3 Den Eintopf mit Salz, Pfeffer und Balsamico abschmecken und die Schillerlocken darin 5 Min. erwärmen. Den Schnittlauch zum Servieren darüber streuen.

VARIANTEN

Den Porree können Sie auch gut für ein Gratin verwenden: 4 Portionen Kartoffelpüree zubereiten und mit 500 g angebratenem Schweinemett unter den Lauch mischen, mit 100 g geriebenem Käse bestreuen und bei 200° im Backofen (Mitte, Umluft 180°) 25 Min. gratinieren.
Anstelle des Porrees können Sie auch andere Gemüsesorten wie Broccoli, Bohnen oder Wirsing verwenden.
Anstelle des Räucherfischs schmeckt auch 250 g Kasseler in Würfeln sehr fein.

Wirsingeintopf mit Bratwürstchen

- Aus dem Grundvorrat
- Preiswert

Für 4 Personen:

1 Zwiebel
2 EL Butter
2 Packungen tiefgekühlter Rahmwirsing (je 450 g)
1 l Fleischbrühe
Salz · Pfeffer
1/2 TL getrockneter Majoran
1 EL Öl
1 Packung Nürnberger Rostbratwürstchen (6 Stück)

Zubereitungszeit: 30 Min.

Pro Portion ca.: 1880 kJ/450 kcal
19 g EW/35 g F/24 g KH

1 Die Zwiebel schälen und fein hacken. In einem Topf die Butter erhitzen und die Zwiebel darin anbraten. Den Wirsing dazugeben, mit der Fleischbrühe aufgießen und 20 Min. köcheln lassen.

2 Den Eintopf mit Salz, Pfeffer und Majoran würzen und umrühren.

3 In einer Pfanne das Öl erhitzen. Die Nürnberger Bratwürstchen darin rundum kräftig anbraten. In Scheiben schneiden und zum Schluß in den Eintopf mischen. Den Eintopf abschmecken und nach Belieben nachwürzen. Dazu paßt Bauernbrot oder Salzkartoffeln.

VARIANTEN

Anstelle der Rostbratwürstchen passen auch geräucherte Würste wie Landjäger oder Kabanossi.
Statt Wirsing paßt genausogut Rahmporree.
So wird der Eintopf vegetarisch:
1 Dose Pizzatomaten unter den Wirsing mischen und mitschmoren. 400 g Räuchertofu in zentimetergroße Würfel schneiden, 5 Min. vor Garzeitende untermischen und erwärmen. Der Tofu gibt dem Eintopf ein zartes Räucheraroma.

Senfgurkencreme mit Krabben

● Schnell
● Raffiniert

Für 4 Personen:

- 1 große Zwiebel
- 2 EL Butter
- 1 großes Glas Senfgurken (360 g Inhalt)
- 3/4 l Gemüsebrühe
- 1 Bund Dill (Tip Seite 29)
- 1 Packung Senf-Sahnesauce (1/4 l)
- Salz · Pfeffer
- 150 g Krabben (aus der Dose)

Zubereitungszeit: 20 Min.

Pro Portion ca.: 1340 kJ/320 kcal
14 g EW/17 g F/29 g KH

1 Die Zwiebel schälen und fein hacken. Die Butter in einem Topf schmelzen und die Zwiebel darin weich braten.

2 Die Senfgurken aus dem Glas nehmen, zu den Zwiebeln geben und kurz mitdünsten.

3 Mit der Gemüsebrühe aufgießen und 15 Min. zugedeckt bei schwacher Hitze köcheln lassen.

4 Inzwischen den Dill abbrausen, abzupfen und fein hacken. Die Suppe mit dem Pürierstab pürieren. Die Senf-Sahnesauce unterrühren und aufkochen lassen. Mit Salz und Pfeffer würzen.

4 Die Krabben abgießen, in die Suppe geben und bei schwacher Hitze erwärmen. Die Hälfte des Dills unterrühren. Die Suppe in Teller oder Tassen füllen und mit dem restlichen Dill bestreuen.

VARIANTE

Anstelle der Krabben können Sie auch Croûtons (Fertigprodukt) oder in Streifen geschnittenen Räucherlachs nehmen.

Sauerkrautsuppe mit Apfel

● Preiswert
● Gelingt leicht

Die Suppe ist ideal als herzhafte Mitternachtssuppe. Auch für die Resteverwertung, wenn Ihnen Sauerkraut übrigbleibt, bietet sie sich an.

Für 4 Personen:

- 100 g durchwachsener Speck in Scheiben
- 1 EL Öl · 1 große Zwiebel
- 1 mittelgroßer Apfel (etwa 200 g)
- 2 kleine Dosen Sauerkraut (je 300 g Inhalt)
- 3/4 l Fleischbrühe
- Salz · Pfeffer
- 1/2 Bund Schnittlauch (Tip Seite 29)

Zubereitungszeit: 25 Min.

Pro Portion ca.: 910 kJ/215 kcal
13 g EW/10 g F/22 g KH

1 Den Speck in kleine Würfel schneiden. Das Öl in einem Topf erhitzen und den Speck darin bei schwacher Hitze ausbraten. Die Zwiebel schälen, fein hacken und mitbraten.

2 Den Apfel schälen, vierteln, vom Kernhaus befreien, fein raspeln und dazugeben. Das Sauerkraut untermischen.

3 Mit der Fleischbrühe aufgießen, aufkochen lassen und die Suppe 15 Min. zugedeckt köcheln lassen, mit Salz und Pfeffer abschmecken. Den Schnittlauch waschen, kleinschneiden und vor dem Servieren untermischen. Dazu schmeckt Bauernbrot.

VARIANTEN

Nach Belieben können Sie auch Bauchfleisch oder Würste mitkochen.
Oder Sie geben nach 10 Min. Garzeit 1 Packung tiefgefrorene Königsberger Klopse (250 g) dazu und garen die Suppe noch mal 10 Min.

Im Bild vorne: Senfgurkencreme mit Krabben
Im Bild hinten: Sauerkrautsuppe mit Apfel

Salate und kleine Gerichte

Salat ist längst nicht mehr nur die kleine »Alibibeilage« der Vitamine wegen, nein, er hat sich als gesunde, leichte Mahlzeit seinen Platz erobert, und seine Fangemeinde wächst ständig. Weil er kinderleicht zuzubereiten ist, meist wenig Kalorien hat und es unzählige Möglichkeiten für Varianten gibt. Und weil ein Salat als kleine, feine Mahlzeit zwischendurch ebenso gut schmeckt wie als Sattmacher auf dem Partybuffet.

Fix und fertig – Blattsalat

So wird er im Kühlregal angeboten. In verschiedenen Kombinationen, mit Weißkohl, Mais, Bohnen oder »pur« nur aus verschiedenen Blattsalatsorten, wird er als »Mischsalat« angeboten. Er muß nur noch kurz gewaschen werden und mit einem Dressing – selbstgemacht oder fertig gekauft – angerichtet werden. Schnell bedient sind Sie auch mit den Salaten zum Selberzusammenstellen in der Salatbar von großen Supermärkten.

Abgepackte Salate können Sie in guten Supermärkten in verschiedenen Mischungen kaufen.

Darf's auch mehr sein?

Wenn Ihr Blattsalat üppiger ausfallen soll, können Sie das noch untermischen:

- Thunfisch aus der Dose
- fertige Croûtons
- geröstete Pinienkerne
- Schafkäse und Oliven
- Schinkenstreifen
- gebratene Geflügelleber
- gegarte Shrimps (die gefriergetrockneten schmecken hervorragend)
- Räucherlachsstreifen
- geräuchertes Forellenfilet
- ausgebratene Speckwürfel oder Räucherwurstscheiben.

Kleine Sattmacher

Wenn der Hunger größer ist, können Sie mit einem Salat aus gegarten Nudeln, Reis oder Gemüse, kombiniert mit Fisch, Fleisch oder Geflügel schnell abhelfen. Auch kleine Mahlzeiten lassen sich blitzschnell kombinieren:

- Reis mit Curry, Hühnerbrust und Gemüse
- Roastbeef (gibt es aufgeschnitten beim Metzger) mit Remouladensauce (aus Glas oder Tube) und Bratkartoffeln (aus der Packung)
- Radieschenquark (fertiger Kräuterquark mit 1 Bund geraspelten Radieschen) mit Pellkartoffeln
- Räucherlachs mit Senfrahmsauce (200 g Sahnejoghurt mit 5 EL süßem Senf verrühren) und Rösti (aus der Tiefkühltruhe)
- marinierte Artischockenherzen (aus der Dose) mit Scampi, Kräutern und Knoblauchvinaigrette
- Salat aus Nudeln und Mozzarellawürfeln mit einer Kapern-Tomatenvinaigrette. Dafür ein paar Eßlöffel fertige Tomatensauce mit Kapern, Aceto Balsamico und Olivenöl mischen. Nudeln und Mozzarella darin wenden.
- Für italienische Antipasti aufgeschnittene Salami und Schinken, Oliven, Sardinen und marinierte Paprika auf einer Platte anrichten, Knoblauchbaguette (aus dem Kühlregal) dazu reichen.

Fein und schnell: Mousses

Frisch gerührte Mousses sind sehr attraktiv und fein, außerdem schmecken sie hervorragend. Sie passen gut zu einem kleinen Salat, als Vorspeise oder als kleines, feines Gericht.

Schinkenmousse
250 g gekochten Schinken pürieren, mit 400 g Frischkäse mischen, würzen und mit marinierten Maiskölbchen aus dem Glas anrichten.

Erbsenmousse
300 g tiefgekühlte Erbsen blanchieren, mit 1 Knoblauchzehe und 1 Bund Petersilie pürieren und mit 400 g Frischkäse mischen. Würzen und in einer Vinaigrette marinierte Krabben dazu reichen.

Lachsmousse
500 g Räucherlachs pürieren und mit 200–400g Frischkäse und 1 Bund gehacktem Dill mischen. Mit Salz, Pfeffer und Zitronensaft abschmecken.

Spargelmousse
Den Spargel von 1 Glas Spargel (330 g Inhalt) sehr gut abtropfen lassen, trockentupfen und pürieren. Mit 400 g Doppelrahm-Frischkäse verrühren und mit Salz und Pfeffer kräftig würzen. 1 Bund kleingeschnittenen Schnittlauch unterrühren. Die Mousse kalt stellen und nach Belieben mit einem kleinen Salat anrichten.

Frisch zubereitete Mousses können vielseitig Verwendung finden: als Vorspeise, auf Buffets oder als kleines Gericht. Von links nach rechts Erbsenmousse, Lachsmousse, Spargelmousse, Schinkenmousse.

Bohnensalat mit Kronsild

- Aus dem Grundvorrat
- Schnell

Kronsild sind eingelegte Heringsfilets, die ursprünglich aus Skandinavien kommen. Es gibt sie in unterschiedlichen Geschmacksrichtungen, besonders typisch sind sie süß-sauer mariniert. Man kann sie auch gut als Brotbelag verwenden oder püriert als Aufstrich oder Füllung, z. B. für Kirschtomaten. In diesem Salat ergänzen sie sich gut mit den anderen Zutaten und geben eine raffinierte Geschmacksnuance.

Für 4 Personen:

Salz
1 Packung tiefgekühlte grüne Bohnen (300 g)
3 Frühlingszwiebeln
2 Gläser Kronsild (je 175 g Inhalt)
1 Glas geschälte rote Paprikaschoten (200 g Inhalt)
3 EL Essig
Pfeffer
1 EL Tomatenmark
4 EL Öl

Zubereitungszeit: 20 Min.

Pro Portion ca.: 1030 kJ/245 kcal
13 g EW/10 g F/26 g KH

1 In einem breiten Topf 125 ml Salzwasser aufkochen lassen und die Bohnen darin 10 Min. bei schwacher Hitze garen. Dann in ein Sieb geben, eiskalt abschrecken und sehr gut abtropfen lassen.

2 Die Frühlingszwiebeln putzen, waschen und in schmale Ringe schneiden. Den Kronsild abgießen, in Stücke schneiden und mit den Frühlingszwiebeln in eine Schüssel füllen.

3 Die Paprikaschoten aus dem Glas nehmen, abtropfen lassen und in Streifen schneiden. Zusammen mit den Bohnen unter die anderen Zutaten mischen.

3 Den Essig mit Salz, Pfeffer, Tomatenmark und Öl mit dem Schneebesen zu einer cremigen Sauce verrühren. Die Sauce über die Zutaten gießen, mischen und 10 Min. durchziehen lassen. Dazu schmeckt Bauernbrot und Butter.

TIP!

Dieser Salat eignet sich gut als Partysalat, weil er lange appetitlich aussieht.

Marinierte Semmelknödel

- Preiswert
- Gut vorzubereiten

Die Semmelknödel können Sie als kleines Hauptgericht oder als Vorspeise reichen. Als Beilage passen sie gut zu deftigem Fleisch wie Rippchen oder Kotelett. Ohne Schinken läßt sich das Gericht aus dem Vorrat zubereiten.

Für 4 Personen:

1 Packung Semmelknödel (200 g, 6 Knödel)
Salz
150 g gekochter Schinken
1 kleine Zwiebel
1 Bund Schnittlauch (Tip Seite 29)
4 EL Rotweinessig
Pfeffer
1 TL Weißwurstsenf
5 EL Öl

Zubereitungszeit: 30 Min.

Pro Portion ca.: 1130 kJ/270 kcal
12 g EW/15 g F/22 g KH

1 Die Semmelknödel nach Packungsanweisung in Salzwasser garen.

2 Inzwischen den Schinken in kleine Würfel schneiden. Die Zwiebel schälen und fein hacken. Den Schnittlauch waschen und in feine Röllchen schneiden.

3 Die Semmelknödel mit einem Schaumlöffel aus dem Wasser heben und gut abtropfen lassen. Dann in etwa 1/2 cm dicke Scheiben schneiden und dachziegelartig auf eine Platte legen.

4 Den Essig mit Salz, Pfeffer, Senf und Öl mit dem Schneebesen zu einer cremigen Marinade verrühren.

5 Schinken, Zwiebel und Schnittlauch in die Sauce mischen und gleichmäßig auf den Semmelknödelscheiben verteilen. Mindestens 10 Min. marinieren lassen.

VARIANTE

Semmelknödelgröstl:
Semmelknödelscheiben mit 100 g ausgebratenen Speckwürfeln und 1 gehackten Zwiebel braten. Nach Belieben noch 2–3 verquirlte Eier untermischen.

TIP!

Sie können auch gut übriggebliebene Semmelknödel vom Vortag marinieren.

Im Bild vorne: Bohnensalat mit Kronsild
Im Bild hinten: Marinierte Semmelknödel

Gyrossalat mit Mais

- Gelingt leicht
- Preiswert

Für 4 Personen:

2 EL Öl
1 Packung tiefgekühlter Gyros (500 g)
1 Packung tiefgekühlte Zwiebel und Knoblauch
1 kleine Dose Mais (240 g Inhalt)
2 Frühlingszwiebeln
1 Becher Zaziki (250 g)
1 EL Zitronensaft
Salz · Pfeffer

Zubereitungszeit: 20 Min.

Pro Portion ca.: 1455 kJ/350 kcal
27 g EW/20 g F/16 g KH

1 Das Öl in einer breiten Pfanne erhitzen. Den Gyros dazugeben und rundum kräftig anbraten. Die Zwiebel-Knoblauchmischung dazugeben, mit Salz und Pfeffer würzen und 8 Min. garen. Vom Herd nehmen und abkühlen lassen.

2 Den Mais in ein Sieb schütten und sehr gut abtropfen lassen. Die Frühlingszwiebeln putzen, waschen und in schmale Ringe schneiden.

3 In einer großen Schüssel den Zaziki mit dem Zitronensaft verrühren, mit Salz und Pfeffer würzen. Den Gyros mit dem Mais und den Frühlingszwiebeln in die Schüssel geben und gut mischen. Dazu Sesamfladen reichen.

Linsensalat mit Schillerlocken

- Gut vorzubereiten
- Schnell

Für 4 Personen:

1 Dose Linsen (800 g Inhalt)
1 kleines Glas Möhren, geraspelt (180 g Inhalt)
3 EL Rotweinessig
1 EL Weißwurstsenf
2 EL Tomatenmark
4 EL Öl
Salz · Pfeffer
1 Packung tiefgekühlte, gemischte Kräuter
300 g Schillerlocken

Zubereitungszeit: 20 Min.

Pro Portion ca.: 2630 kJ/630 kcal
40 g EW/28 g F/55 g KH

1 Die Linsen in ein Sieb schütten und gut abtropfen lassen. Die Möhren ebenfalls in einem Sieb abtropfen lassen.

2 In einer Schüssel den Rotweinessig mit dem Weißwurstsenf, dem Tomatenmark und dem Öl gut verrühren und mit Salz und Pfeffer würzen.

3 Die Kräuter mit den Linsen und den Möhren dazugeben, gut mischen und kurz ziehen lassen.

4 Die Schillerlocken in etwa 1 cm breite Stücke schneiden und unterheben.

VARIANTE

Statt Schillerlocken können Sie auch 2 Paar Landjägerwürste hineinschneiden.

Asiatischer Gemüsesalat

- Für Gäste
- Gut vorzubereiten

Der Salat ist schön als Vorspeise und reicht dann für 6 Personen. Ohne Hühnerbrust ein vegetarischer Salat und ein Gericht aus dem Vorrat.

Für 4 Personen:

1 EL Öl
2 Packungen tiefgekühltes Pfannengemüse chinesisch (je 300 g)
1 Knoblauchzehe
4 EL Zitronensaft
4 EL geröstetes Sesamöl
2 EL Sojasauce
Pfeffer
300 g geräucherte Hühnerbrust

Zubereitungszeit: 20 Min.

Pro Portion ca.: 1340 kJ/320 kcal
19 g EW/20 g F/16 g KH

1 In einer breiten Pfanne das Öl erhitzen. Das Pfannengemüse dazugeben und nach Packungsanweisung garen. Den Knoblauch schälen und dazupressen.

2 In einer Salatschüssel aus dem Zitronensaft, dem gerösteten Sesamöl, der Sojasauce und Pfeffer eine Marinade rühren. Das Gemüse darin wenden und abkühlen lassen.

3 Die Hühnerbrustfilets in dünne Scheiben schneiden. Den Salat mit den Hühnerbrustscheiben auf vier Tellern anrichten.

TIP!

Das geröstete Sesamöl gibt's im Asienladen oder in der Spezialitätenabteilung des Supermarkts.

Bohnensalat mit Schafkäse

- Schnell
- Gut vorzubereiten

Der Bohnensalat ist ideal als Partysalat, fürs Picknick oder für den Biergarten.

Für 4 Personen:

2 Dosen Kidneybohnen (je 400 g Inhalt)
2 Packungen Schinken-Lauch-Salat (je 200 g, im Kühlregal)
2 EL Rotweinessig
Salz
Pfeffer
1 Msp. Cayennepfeffer
1 TL Dijonsenf
3 EL Olivenöl
200 g Schafkäse (eingeschweißt oder frisch)

Zubereitungszeit: 20 Min.

Pro Portion ca.: 3135 kJ/760 kcal
45 g EW/29 g F/79 g KH

1 Die Bohnen in ein Sieb schütten, kalt abbrausen, gut abtropfen lassen und in eine Schüssel füllen. Den Lauchsalat dazugeben.

2 Den Essig in einer kleinen Schüssel mit Salz, Pfeffer, Cayennepfeffer, Dijonsenf und Olivenöl mit einem Schneebesen kräftig schlagen, bis eine cremige Sauce entstanden ist. Die Sauce über die Bohnen gießen, gut mischen und zugedeckt durchziehen lassen.

3 Den Schafkäse in kleine Würfel schneiden und unter den Salat mischen. Abschmecken und nach Belieben nachwürzen.

Gnocchisalat mit Thunfisch

- Gelingt leicht
- Preiswert

Für 4 Personen:

- Salz
- 500 g Gnocchi (aus dem Kühlregal)
- 3 EL Rotweinessig
- 2 EL Olivenöl
- 5 EL Pesto (aus dem Glas)
- Pfeffer
- 1 Packung tiefgefrorene Salatkräuter
- 1 Dose Thunfisch im eigenen Saft (195 g)
- 125 g Kirschtomaten

Zubereitungszeit: 20 Min.

Pro Portion ca.: 1090 kJ/260 kcal
17 g EW/13 g F/18 g KH

1 Reichlich Salzwasser aufkochen lassen und die Gnocchi nach Packungsangabe garen. In ein Sieb abgießen, kalt abbrausen und sehr gut abtropfen lassen.

2 In einer großen Schüssel den Rotweinessig, das Olivenöl, das Pesto, Salz und Pfeffer mit dem Schneebesen verrühren. Die Salatkräuter einrühren, die Gnocchi hinzufügen und in der Sauce wenden.

3 Den Thunfisch aus der Dose nehmen, mit zwei Gabeln zerteilen und untermischen.

4 Die Kirschtomaten waschen und halbieren, in die Schüssel füllen und unter den Salat mischen.

TIP!

Pesto
Pesto gibt's in sehr guter Qualität fertig zu kaufen. Doch selbstgemachtes, frisches schmeckt einfach unübertrefflich. Besonders im Sommer, wenn es kräftiges Basilikum und frischen, jungen Knoblauch gibt. Außerdem ist Pesto ganz schnell und einfach gemacht und hält sich in einem Schraubglas, immer mit einer Schicht Olivenöl bedeckt, gut 4 Wochen.
3–4 Bund Basilikum abbrausen und abzupfen. 4–5 Zehen Knoblauch schälen und mit dem Basilikum und 3 EL Pinienkernen im Mixer pürieren. 200 ml bestes Olivenöl nach und nach untermischen. 3 EL frisch geriebenen Parmesan unterrühren und mit Salz und Pfeffer abschmecken.
Pesto ißt man traditionell zu Spaghetti; es paßt auch in eine Salatsauce, als Aufstrich und zu Carpaccio.

Tortellinisalat mit Pfifferlingen

- Raffiniert
- Aus dem Grundvorrat

Der Tortellinisalat ist ideal als leichtes Mittag- oder Abendessen.

Für 4 Personen:

- Salz
- 250 g Tortellini (Trockenprodukt oder 500 g Tortellini aus dem Kühlregal)
- 3 Frühlingszwiebeln
- 1 Dose Pfifferlinge (170 g Inhalt)
- 3 EL Essig
- 5 EL Öl
- Salz · Pfeffer

Zubereitungszeit: 20 Min.

Pro Portion ca.: 1645 kJ/395 kcal
14 g EW/15 g F/58 g KH

1 Reichlich Salzwasser aufkochen lassen und die Tortellini darin nach Packungsangabe kochen. Die fertigen Tortellini in ein Sieb schütten, eiskalt abbrausen und sehr gut abtropfen lassen.

2 Inzwischen die Frühlingszwiebeln putzen, waschen und in schmale Ringe schneiden. Die Pfifferlinge abgießen.

3 Den Essig und das Öl mit Salz und Pfeffer in eine Schüssel geben und mit einem Schneebesen zu einer cremigen Marinade verrühren.

4 Die Tortellini mit den Frühlingszwiebeln und den Pfifferlingen darin wenden.

VARIANTE

Anstelle von Tortellini können Sie auch 250 g gegarten Schnellkochreis nehmen. Dann noch 300 g blanchierten kleingeschnittenen Broccoli (Tiefkühlprodukt) untermischen.

Im Bild vorne: Gnocchisalat mit Thunfisch
Im Bild hinten: Tortellinisalat mit Pfifferlingen

Marinierter Tintenfisch

- Gelingt leicht
- Gut vorzubereiten

Dieser Salat eignet sich gut als Vorspeise. Richten Sie ihn dann dekorativ auf Salatblättern an, oder servieren Sie ihn zusammen mit anderen Vorspeisen wie eine spanische »Tapa«.

Für 4 Personen:

Salz
3 Knoblauchzehen
1 Lorbeerblatt
500 g tiefgekühlte Tintenfischringe
1 Glas geschälte rote Paprikaschoten (200 g Inhalt)
1 kleines Glas entsteinte Oliven (80 g Inhalt)
1 Bund Petersilie
6 EL Zitronensaft
8 EL Olivenöl
Pfeffer

Zubereitungszeit: 30 Min.

Pro Portion ca.: 885 kJ/210 kcal
20 g EW/12 g F/7 g KH

1 Reichlich Salzwasser aufkochen lassen. Die Knoblauchzehen schälen, 1 längs halbieren und mit dem Lorbeerblatt in das Salzwasser geben. Die Tintenfischringe dazugeben und 15 Min. köcheln lassen, bis sie weich sind.

2 Die Paprikaschoten aus dem Glas nehmen, abtropfen lassen, in Streifen schneiden und in eine Schüssel füllen. Die Oliven dazugeben. Den restlichen Knoblauch darüber pressen.

3 Die Petersilie waschen, fein hacken und hinzufügen. Aus Zitronensaft, Olivenöl, Salz und Pfeffer mit dem Schneebesen eine cremige Marinade rühren, über die Zutaten gießen und alles mischen. Dazu paßt Baguette.

VARIANTE

500 g Kabeljau- oder Rotbarschfilet in Gemüsebrühe oder Fischfond (aus dem Glas) in 5 Min. garziehen lassen. Herausheben, abtropfen lassen und mit der Marinade begießen. 10 Min. marinieren lassen.

Reissalat mit Erbsen und Shrimps

- Aus dem Grundvorrat
- Gut vorzubereiten

Der Salat ist im Sommer ein erfrischendes, leichtes Mittagessen.

Für 4 Personen:

Salz
200 g 10-Minuten-Reis
300 g tiefgekühlte Erbsen
2–3 EL Zitronensaft
5 EL Öl
Pfeffer
1 Packung tiefgekühlte Salatkräuter
1 Knoblauchzehe
1 Packung tiefgekühlte Eismeershrimps (220 g)

Zubereitungszeit: 20 Min.

Pro Portion ca.: 1550 kJ/370 kcal
17 g EW/11 g F/51 g KH

1 Reichlich Salzwasser aufkochen lassen und den Reis darin nach Packungsangabe in 10 Min. garen. Dann in ein Sieb gießen und nicht ganz abkühlen lassen.

2 Die Erbsen ebenfalls in Salzwasser 10 Min. garen, in ein Sieb geben, eiskalt abschrecken und gut abtropfen lassen.

3 In einer großen Salatschüssel den Zitronensaft mit Öl, Salz und Pfeffer mit dem Schneebesen zu einer cremigen Sauce aufschlagen. Die Kräuter unterrühren, den Knoblauch schälen und dazupressen.

4 Den noch warmen Reis mit den Eismeershrimps und den Erbsen in der Schüssel gut mischen und kurz durchziehen lassen. Nochmals abschmecken und nach Belieben nachwürzen, da Reis viel Würzkraft aufnimmt.

VARIANTE

Anstelle der Eismeershrimps können Sie auch gut 250 g kleingewürfeltes Kasseler untermischen.

TIP!

Die gegarten Shrimps werden unterschiedlich angeboten: tiefgekühlt (wie im Rezept angegeben), offen in einer Fischlake und in Dosen in einer Lake. Hier sind sie allerdings ziemlich weich. Eine tolle Alternative sind die gefriergetrockneten Shrimps, die Sie vor der Verwendung einweichen oder überbrühen müssen.

Matjes mit Kräutersauce

- Gelingt leicht
- Gut vorzubereiten

Die Matjes in der Sauce eignen sich gut für ein kaltes Buffet, zum Picknick oder Brunch.

Für 4 Personen:

1 Zwiebel
2 Knoblauchzehen
250 g Kräuterquark
200 g saure Sahne
2 EL Zitronensaft
1 Packung tiefgekühlte 8-Kräuter-Mischung
Salz · Pfeffer
8 Matjesfilets
1 Packung Bratkartoffeln (Fertigprodukt, 400 g)

Zubereitungszeit: 20 Min.

Pro Portion ca.: 2730 kJ/675 kcal
36 g EW/47 g F/19 g KH

1 Die Zwiebel und den Knoblauch schälen, fein hacken und mit dem Kräuterquark, der Sahne und dem Zitronensaft verrühren.

2 Die Kräuter untermischen und die Sauce mit Salz und Pfeffer würzen.

3 Die Matjesfilets nebeneinander auf eine Platte legen und gleichmäßig mit der Sauce bedecken. Im Kühlschrank zugedeckt 15 Min. durchziehen lassen.

4 Inzwischen die Bratkartoffeln nach Packungsangabe zubereiten und zu den marinierten Matjes reichen.

VARIANTE

Anstelle der Kräutersauce nehmen Sie eine Tomatensauce für Nudeln. Diese mit Essig, Kräutern und Öl abschmecken.
Gut schmeckt das Gericht auch mit 1 Becher Zaziki, unter den Sie 1 kleine Gurke raspeln.

TIP!

Die Matjes mit der Sauce können Sie schon am Vortag zubereiten, sie gewinnen dadurch eher noch an Geschmack.

Broccolimousse mit kleinem Salat

- Vegetarisch
- Gut vorzubereiten

Die Broccolimousse ist auch als Füllung für Kirschtomaten oder als Sandwichaufstrich gut geeignet. Weitere Rezepte für frische Mousses finden Sie auf Seite 17.

Für 4 Personen:

Salz
1 Packung tiefgekühlter Broccoli (300 g)
1 Knoblauchzehe
200 g Frischkäse
Pfeffer
1 TL Zitronensaft
250 g Mischsalat (aus dem Kühlregal)
2 EL Rotweinessig
1 TL süßer Senf · 3 EL Öl

Zubereitungszeit: 25 Min.
Kühlzeit: 30 Min.

Pro Portion ca.: 995 kJ/240 kcal
8 g EW/22 g F/2 g KH

1 Reichlich Salzwasser aufkochen lassen und den Broccoli darin 8 Min. garen, eiskalt abschrecken und sehr gut abtropfen lassen.

2 Den Knoblauch schälen und mit dem Broccoli und dem Frischkäse im Mixer pürieren. Mit Salz, Pfeffer und Zitronensaft abschmecken, in eine Schüssel füllen und kühl stellen.

3 Den Mischsalat waschen und in einem Sieb abtropfen lassen. Aus Essig, Senf, Öl, Salz und Pfeffer mit dem Schneebesen eine cremige Marinade rühren und den Salat darin wenden.

4 Von der Broccolimousse mit einem Eßlöffel Nocken abstechen und mit dem Salat auf Tellern anrichten. Servieren Sie Toast und Butter dazu.

VARIANTE

Sie können die Broccolimousse auch mit Räucherlachs als festliche Vorspeise servieren.
Oder schneiden Sie 150 g Räucherlachs in Stücke und mischen Sie diese vor dem Kühlen unter die Mousse.

Im Bild vorne: Broccolimousse mit kleinem Salat
Im Bild hinten: Matjes mit Kräutersauce

Aus Topf und Pfanne

Pfiffige, abwechslungsreiche Hauptgerichte aus Fertigprodukten auf den Tisch zu zaubern, ist mit ein paar kreativen Tricks wirklich ganz einfach. Sie können sogar Ihre Gäste damit überraschen – und sicher sein, daß es ihnen schmecken wird.

Super mit Sauce

Saucen sind für viele Gerichte das A und O. Manche Hausfrauen und -männer trauen sich allerdings nicht zu, Saucen richtig zuzubereiten. Dabei ist das mit den vielen guten Fertigsaucen aus Päckchen, Glas, Beutel, Tetrapack oder Dose wirklich kein Problem mehr: Ein paar Kniffe beim Verfeinern, und niemand wird merken, daß die leckere Sauce »aus dem Päckchen« kommt. Das können Sie dazugeben:

- Einen Schuß Sherry, Noilly Prat oder Cognac,
- Rot- oder Weißwein,
- Sahne oder Crème fraîche,
- Frischkäse,
- etwas Aceto Balsamico
- frisch gehackte Kräuter.

Besonders große Auswahl haben Sie bei den Nudelsaucen, die sich auch gut für andere Gerichte eignen: Tomatensauce für Fleisch- oder Fischgerichte, Käsesaucen für Gemüse und Eiergerichte, Auflauf oder zum Überbacken von gefüllten Gemüsen.

Das Angebot an Fertigsaucen bietet wirklich für jeden Geschmack etwas!

Der schlanke Tip
Wenn Sie Kalorien sparen möchten, können Sie die Sauce mit Saucenbinder oder Kartoffelpüreepulver binden, dann wird sie schön sämig und hat weniger Fett.

Ganz cool: Gemüse

Wußten Sie, daß tiefgekühltes Gemüse mehr Vitamine und Mineralstoffe enthält als »frisches«, das schon eine Weile in den Regalen oder bei Ihnen zu Hause herumliegt? Bei längerer Lagerung verliert frisches Gemüse nämlich wichtige Inhaltsstoffe, während TK-Gemüse unmittelbar nach der Ernte vorbereitet, blanchiert und inklusive fast aller Inhaltsstoffe schockgefrostet wird.
In einer aktuellen Studie wurde der Vitamin-C-Gehalt von Gemüse (gleich nach der Ernte, in unterschiedlichen Lagerungszuständen und tiefgefroren) untersucht. Vitamin C reagiert sehr empfindlich auf den Einfluß von Licht, Sauerstoff, Hitze und Wasser. Deshalb kann man vom Gehalt dieses Vitamins sehr gut Rückschlüsse auf den Frischezustand des Lebensmittels ziehen. Nach dieser Studie verliert jedes Gemüse während der Lagerung sehr schnell an Vitamin C, während bei tiefgekühltem Gemüse nach der Bearbeitung keine Verluste mehr auftreten. Das veranschaulicht die Grafik.

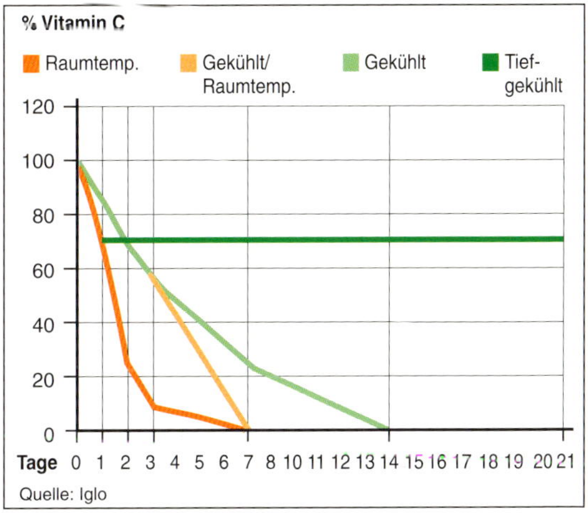

Entwicklung des Vitamin-C-Gehalts in Spinat bei unterschiedlichen Temperaturbedingungen

Beilagen, die immer passen

Kartoffeln in jeder Form
Sie gibt es wirklich in jeder Form und in jedem Zustand: tiefgekühlt als Rösti, Puffer, Gratin; aus dem Päckchen als Püree, Knödel, Schupfnudeln, Puffer, Kroketten, Gratin und Bratkartoffeln; im Kühlregal als Schupfnudeln, Gnocchi und den fertigen Kloßteig, aus dem sich ohne Mühe Kartoffelknödel zubereiten lassen.

Reis
präsentiert sich auch in verschiedenen Mischungen: im Kochbeutel, als schnellkochender Reis, der ruckzuck fertig ist, oder der klassisch zu garende Reis in seinen bekannten und unbekannteren Sorten.

Nudeln
sind immer toll als Beilage. Sie sind einfach und schnell gegart, schmecken noch feiner, wenn Sie sie in Butter, Öl oder Kräutern schwenken. Sie gibt's auch in der Packung als Gratin oder im Kühlregal frisch mit superkurzen Garzeiten.

Für Gaumen und Augen: Kräuter

Kräuter sind das »Make up« eines Gerichts – aber nicht nur dem Aussehen tut etwas Grünes gut, auch dem Geschmack. Kräuter wie Schnittlauch, Petersilie und Basilikum sind das ganze Jahr über frisch zu bekommen. Andere wie Oregano, Thymian, Estragon nur im Sommer – was aber kein Problem ist, weil es viele Kräuter tiefgefroren gibt. Meine Favoriten sind gefriergetrocknete Kräuter, die es in Schraubgläsern in hervorragender Qualität gibt.

TIP!

Kräutertip zu den Rezepten
In den Rezepten dieses Buchs finden Sie immer frische Kräuter, weil ich der Meinung bin, daß gerade bei Fertigprodukten ein paar frische »Spurenelemente« wichtig sind. Sie können aber jeweils 1 Bund frisches Kraut ersetzen durch 2–3 EL gefriergetrocknete oder 1 Päckchen tiefgekühlte.

Kalbsröllchen mit Parmaschinken in Tomatensauce

- Für Gäste
- Gelingt leicht

Für 4 Personen:

8 dünne Kalbsschnitzel (je 100 g)
Salz · Pfeffer
4 TL Olivenpüree (aus dem Glas)
8 Scheiben Parmaschinken
2 EL Olivenöl
200 ml trockener Weißwein (ersatzweise Fleischbrühe)
1 Glas Tomatensauce mit Basilikum (400 g Inhalt)
1 Bund Basilikum (Tip Seite 29)

Zubereitungszeit: 45 Min.

Pro Portion ca.: 1710 kJ/410 kcal
51 g EW/18 g F/9 g KH

1 Die Kalbsschnitzel beidseitig leicht mit Salz und Pfeffer würzen und auf einer Seite mit je 1 TL Olivenpüree bestreichen.

2 Den Parmaschinken so zusammenfalten, daß er auf die Kalbsschnitzel paßt, danach darauf legen. Die Schnitzel aufrollen und mit Zahnstochern feststecken oder mit Küchengarn zusammenbinden.

3 Das Olivenöl in einer Pfanne erhitzen, die Röllchen darin von allen Seiten 5 Min. kräftig anbraten. Die Röllchen aus der Pfanne nehmen. Den Weißwein in die Pfanne gießen und aufkochen lassen. Die Tomatensauce in die Pfanne geben, mit dem Wein verrühren. Die Fleischröllchen in die Sauce legen, aufkochen lassen und alles zugedeckt bei schwacher Hitze 20 Min. schmoren.

4 Inzwischen das Basilikum abbrausen, die Blättchen abzupfen und vier schöne beiseite legen, die restlichen in schmale Streifen schneiden. Basilikumstreifen zum Schluß in die Sauce rühren.

5 Die Kalbsröllchen schräg in dickere Scheiben schneiden. Auf vier vorgewärmten Tellern mit der Sauce anrichten und mit den Basilikumblättchen garnieren. Dazu passen grüne Bandnudeln.

MENÜ

Mit Bohnensalat mit Kronsild (Seite 18) und Pfannkuchen mit Erdbeerquark (Seite 58) ein Menü für jeden Tag; mit Reissalat mit Erbsen und Shrimps (Seite 25) und Zitrus-Käsetorte (Seite 60) ein festliches Menü.

Gemüsepfanne mit Pesto

- Vegetarisch
- Gelingt leicht

Das Gericht ist ideal für die Resteverwertung, natürlich auch von übriggebliebenem frischem Gemüse.

Für 4 Personen:

450 g tiefgekühltes gemischtes Gemüse
300 g Maiskörner (aus der Dose oder tiefgekühlt)
1 Zwiebel
1 Knoblauchzehe
2 EL Olivenöl
200 ml Gemüsebrühe
1 Bund Basilikum (Tip Seite 29)
5 EL Pesto (aus dem Glas oder Tip Seite 22)
Salz · Pfeffer

Zubereitungszeit: 20 Min.

Pro Portion ca.: 1245 kJ/300 kcal
11 g EW/14 g F/33 g KH

1 Das Gemüse mit dem Mais in eine Schüssel füllen und etwas antauen lassen. Die Zwiebel und den Knoblauch schälen und fein hacken.

2 Das Olivenöl in einer breiten Pfanne erhitzen und die Zwiebel und den Knoblauch darin anbraten. Das tiefgekühlte Gemüse dazugeben und mit der Gemüsebrühe aufgießen. Aufkochen und 10 Min. zugedeckt köcheln lassen.

3 Inzwischen das Basilikum abbrausen, abzupfen und in feine Streifen schneiden. Zusammen mit dem Pesto unter das Gemüse mischen und mit Salz und Pfeffer kräftig würzen. Dazu paßt Kartoffelpüree (Fertigprodukt), mit 3 EL geriebenem Parmesan gemischt.

VARIANTEN

Herzhafter und üppiger wird die Gemüsepfanne, wenn Sie mit den Zwiebeln 150 g gewürfelten Räucherspeck anbraten.
Sie können aber auch Würfel von Kasseler, Hühnerbrustfilet oder Lyoner untermischen.

MENÜ

Mit Marinierten Semmelknödeln (Seite 18) und Pflaumengrütze mit Vanilleeis (Seite 54) ein Menü für jeden Tag.

Im Bild vorne: Kalbsröllchen mit Parmaschinken in Tomatensauce
Im Bild hinten: Gemüsepfanne mit Pesto

Hähnchenschenkel in Sherrysauce

- Raffiniert
- Gelingt leicht

Für 4 Personen:

250 g tiefgekühlte Champignons in Scheiben
2 Knoblauchzehen
2 EL Butterschmalz
4 Hähnchenschenkel
Salz · Pfeffer
4 EL trockener Sherry
1 Dose Champignoncremesuppe (400 ml Inhalt)
1 Bund Petersilie (Tip Seite 29)

Zubereitungszeit: 50 Min.

Pro Portion ca.: 1230 kJ/295 kcal 21 g EW/18 g F/8 g KH

1 Die Champignons etwas antauen lassen.

2 Den Knoblauch schälen. Das Butterschmalz in einer breiten Pfanne erhitzen, die Hähnchenschenkel darin rundum kräftig anbraten. Knoblauch darüber pressen, die Keulen salzen, pfeffern und herausnehmen.

3 Im verbliebenen Fett die Champignons kräftig anbraten und mit dem Sherry ablöschen. Die Champignoncremesuppe in die Pfanne gießen und aufkochen lassen. Die Hähnchenschenkel hineinlegen und alles zugedeckt bei mittlerer Hitze 25 Min. garen.

4 Inzwischen die Petersilie waschen, abzupfen und fein hacken. Die Champignonsauce abschmecken und nach Belieben nachwürzen. Die Petersilie zum Schluß untermischen. Dazu schmecken eine Wildreismischung und Kopfsalat mit Vinaigrette.

VARIANTE

Anstelle der Champignons können Sie Austernpilze oder gemischte Pilze (gibt es auch tiefgefroren) verwenden.

TIPS!

Wenn Kinder mitessen, sollten Sie den Sherry durch Gemüsebrühe ersetzen.
Die Sauce bekommt eine besonders leichte, schaumige Konsistenz, wenn Sie am Schluß geschlagene Sahne unterheben.

MENÜ

Mit einer Rote-Bete-Cremesuppe (Seite 8) und Torteletts mit Aprikosen (Seite 60) ein festliches Menü.

Pastetchen mit Krabbenragout

- Schnell
- Gut vorzubereiten

Die Pastetchen sind ideal als Vorspeise oder leichtes Abendessen mit einem kleinen Salat.

Für 4 Personen:

200 g tiefgekühlte Eismeerkrabben (Tip Seite 24)
2 EL Zitronensaft
Salz · Pfeffer
1 Dose Spargelcremesuppe (400 ml Inhalt)
8 Blätterteigpasteten (Fertigprodukt)
1 Bund Dill (Tip Seite 29)
Muskatnuß, frisch gerieben

Zubereitungszeit: 25 Min.

Pro Portion ca.: 1490 kJ/355 kcal
14 g EW/23 g F/26 g KH

1 Den Backofen auf 200° vorheizen. Die Eismeerkrabben auf einem Teller ausbreiten und antauen lassen, dann mit dem Zitronensaft beträufeln, mit Salz und Pfeffer würzen.

2 Die Spargelcremesuppe in einer Kasserolle aufkochen und 5 Min. köcheln lassen. Die Eismeerkrabben dazugeben und 3 Min. bei schwacher Hitze ziehen lassen.

3 Gleichzeitig die Blätterteigpastetchen 5 Min. im Backofen (Mitte, Umluft 180°) aufbacken.

4 Inzwischen den Dill abbrausen, abzupfen und fein hacken. Das Ragout mit Salz, Pfeffer und Muskat abschmecken und den Dill untermischen.

5 Die Blätterteigpastetchen auf Teller setzen und mit dem Krabbenragout füllen.

VARIANTE

Die Krabben können Sie gut durch 3 Hühnerbrustfilets ersetzen. Die Hühnerbrustfilets kleinschneiden, anbraten und in die Sauce geben.

MENÜ

Mit asiatischem Gemüsesalat (Seite 21) und Reisauflauf mit Birnen (Seite 57, Variante) ein festliches Menü.

Fleischbällchen in Erbsen-Sahnesauce

- Gelingt leicht
- Raffiniert

Die einfachen Fleischbällchen bekommen durch die ausgefallene Sauce Pep.

Für 4 Personen:

2 Packungen tiefgekühlte Königsberger Klopse (je 250 g)
125 g Sahne · 1 Zwiebel
1 EL Butter
300 g tiefgekühlte Erbsen
Salz
1 Bund Petersilie (Tip Seite 29)
Pfeffer
Muskatnuß, frisch gerieben

Zubereitungszeit: 25 Min.

Pro Portion ca.: 1500 kJ/360 kcal
14 g EW/25 g F/20 g KH

1 Die Königsberger Klopse mit 125 ml Wasser und der Sahne in einen Topf geben und aufkochen lassen. Vorsichtig umrühren und zugedeckt 10 Min. köcheln lassen, dann beiseite stellen.

2 Inzwischen die Zwiebel schälen und fein hacken. Die Butter in einem Topf erhitzen und die Zwiebel darin anbraten. Die Erbsen dazugeben, mit 200 ml Wasser aufgießen, salzen und 12 Min. zugedeckt köcheln lassen.

3 Inzwischen die Petersilie waschen, abzupfen und fein hacken. Die Erbsen mit dem Mixstab pürieren und mit Salz, Pfeffer und Muskat würzen, die gehackte Petersilie untermischen.

4 Die Erbsensauce unter die Hackbällchen mischen und alles zusammen erhitzen. Servieren Sie dazu in Kräuterbutter geschwenkten 10-Minuten-Reis.

VARIANTE

Die Klopse können Sie auch mit einer fertigen Käsesauce im Backofen bei 200° (Umluft 180°) in 20 Min. gratinieren.

MENÜ

Mit Mariniertem Tintenfisch (Seite 24) und Tiramisu (Fertigprodukt) ein Menü für Gäste.

Fischpfanne mit Gemüse

● Raffiniert
● Gelingt leicht

Dieses Gericht ist besonders vitaminreich mit der vorgeschlagenen speziell abgestimmten Gemüsemischung.

Für 4 Personen:

- **1 Zwiebel**
- **1 Knoblauchzehe**
- **1 EL Butterschmalz**
- **1 Packung tiefgekühltes Gemüse (300 g; z. B. Vivactiv von Iglo)**
- **600–800 g tiefgekühlte Fisch-Schlemmerpfanne**
- **200 ml trockener Weißwein (ersatzweise Fischfond aus dem Glas)**
- **300 ml Gemüsebrühe (oder trockener Weißwein)**
- **2 EL Saucenbinder**
- **Salz · Pfeffer**
- **1 Kästchen Kresse**

Zubereitungszeit: 20 Min.

**Bei 600 g Fisch pro Portion ca.:
1185 kJ/285 kcal
16 g EW/9 g F/26 g KH**

1 Die Zwiebel und den Knoblauch schälen und fein hacken. Das Butterschmalz in einer breiten Pfanne erhitzen, Zwiebel und Knoblauch darin anbraten.

2 Das Gemüse dazugeben, dann den Fisch untermischen. Den Weißwein, die Brühe und den Saucenbinder unterrühren und aufkochen lassen. Mit Salz und Pfeffer würzen und 10 Min. köcheln lassen.

3 Die Kresse abbrausen. Zum Schluß die Blättchen mit einer Küchenschere über der Pfanne abschneiden und unter die Sauce heben. Dazu paßt 10-Minuten-Reis, der in 3 TL Currypulver und Butter geschwenkt ist.

VARIANTE

Anstelle von Fisch können Sie auch 750 g Putenschnitzel in Streifen schneiden und wie oben beschrieben zubereiten.

TIP!

Wer nicht auf Kalorien achten muß, kann statt Brühe und Saucenbinder 5 EL Crème fraîche verwenden.

MENÜ

Mit einer herzhaften Tomaten-Suppe (Seite 6) und Pflaumengrütze mit Vanilleeis (Seite 54) ein Menü für jeden Tag.

Geschnetzeltes in Rotweinsauce

- Für Gäste
- Gelingt leicht

Dieses feine Gericht ist ganz schnell und einfach zubereitet; trotzdem können Sie damit auch vor den Ansprüchen verwöhnter Gäste bestehen.

Für 4 Personen:

3 Schalotten
1 EL Öl
2 Packungen Bœuf Stroganoff (tiefgekühltes Fertigprodukt, je 250 g)
1/4 l trockener Rotwein
1 Packung Pfannensahne (220 g)
Salz · Pfeffer

Zubereitungszeit: 30 Min.

Pro Portion ca.: 1730 kJ/415 kcal
54 g EW/49 g F/29 g KH

1 Die Schalotten schälen und fein hacken.

2 Das Öl in einer breiten Pfanne erhitzen und die Schalotten darin braten. Das Bœuf Stroganoff dazugeben.

3 Mit dem Rotwein aufgießen und 10 Min. köcheln lassen. Die Pfannensahne unterrühren und aufkochen lassen. Das Fleisch mit der Sauce verrühren und weitere 10 Min. köcheln lassen.

4 Das Geschnetzelte abschmecken und nach Belieben nachwürzen. Dazu schmecken Rösti (tiefgekühltes Fertigprodukt) und gemischter Blattsalat mit Kräutervinaigrette.

VARIANTE

Mischen Sie mit der Pfannensahne noch 300 g tiefgekühlte Erbsen unter das Geschnetzelte, so wird es noch feiner.

MENÜ

Mit Kartoffelcreme-Suppe mit Krabben (Seite 6) und Kokosterrine mit Litschis (Seite 58) ein festliches Menü.

Szegediner Gulasch

- Gelingt leicht
- Gut vorzubereiten

Für 4 Personen:

4 Schweineschnitzel (je 150 g)
1 Zwiebel
2 Knoblauchzehen
2 EL Öl
Salz · Pfeffer
1 Prise gemahlener Kümmel
1 Prise Paprikapulver, rosenscharf
1 kleine Dose Sauerkraut (550 g Inhalt)
1 Dose Gulaschsuppe (400 ml Inhalt)

Zubereitungszeit: 25 Min.

Pro Portion ca.: 1320 kJ/310 kcal
40 g EW/13 g F/9 g KH

1 Das Fleisch in 2 cm große Würfel schneiden. Die Zwiebel und den Knoblauch schälen und fein hacken.

2 Das Öl in einem Schmortopf erhitzen. Das Fleisch darin bei starker Hitze in zwei Portionen kräftig anbraten, dabei mit Salz, Pfeffer, Kümmel und Paprika kräftig würzen. Fleisch aus dem Topf nehmen.

3 Zwiebel und Knoblauch im verbliebenen Bratfett weich braten. Das Sauerkraut und die Gulaschsuppe dazugeben und aufkochen lassen. Das Fleisch untermischen und alles zugedeckt bei mittlerer Hitze 10 Min. schmoren. Das Gulasch abschmecken und nach Belieben nachwürzen. Servieren Sie dazu Spätzle aus dem Kühlregal.

TIPS!

Das Gulasch ist sehr gut zum Einfrieren geeignet, deshalb am besten gleich die doppelte Menge zubereiten.
Falls ein Rest bleibt, können Sie ihn mit Fleischbrühe und Sahne auffüllen und als Suppe servieren.

MENÜ

Mit Broccolimousse (Seite 26) und Gratinierten Birnen (Seite 56) ein Menü für jeden Tag.

Im Bild vorne: Szegediner Gulasch
Im Bild hinten: Geschnetzeltes in Rotweinsauce

Putenragout in Pilzsauce

- Gelingt leicht
- Für Gäste

Für 4 Personen:

500 g Putenschnitzel
1 Zwiebel
2 Knoblauchzehen
2 EL Butterschmalz
Salz · Pfeffer
200 ml trockener Weißwein (ersatzweise Geflügelbrühe)
100 g Sahne
2 Packungen Pilzrahm-Pasta-Sauce (je 200 g)
1 Packung tiefgekühlte gemischte Kräuter

Zubereitungszeit: 20 Min.

Pro Portion ca.: 2265 kJ/540 kcal
27 g EW/36 g F/14 g KH

1 Die Putenschnitzel quer in 2 cm breite Streifen schneiden. Die Zwiebel und den Knoblauch schälen und fein hacken.

2 Das Butterschmalz in einer breiten Pfanne erhitzen und das Fleisch darin kräftig anbraten, mit Salz und Pfeffer würzen. Herausnehmen und beiseite stellen. Zwiebel und Knoblauch im verbliebenen Bratfett glasig braten. Mit Weißwein ablöschen. Sahne dazugießen, aufkochen lassen und Pilzrahmsauce einrühren.

3 Putenbruststreifen und Kräuter untermischen und alles 5 Min. bei mittlerer Hitze köcheln lassen, abschmecken und mit grünen Bandnudeln servieren.

MENÜ

Mit Kartoffelcremesuppe mit Krabben (Seite 6) und Schokoladenmousse mit Sahnesauce (Fertigprodukte) ein festliches Menü.

Riesenrösti mit Kräutern

- Aus dem Grundvorrat
- Vegetarisch

Für 4 Personen:

2 Packungen Rösti (je 400 g)
1 Packung tiefgekühlte italienische Kräuter
4 Eier
Salz · Pfeffer
Muskatnuß, frisch gerieben
3 EL Butterschmalz
1 Packung tiefgekühlte Zwiebeln mit Knoblauch

Zubereitungszeit: 20 Min.

Pro Portion ca.: 1140 kJ/270 kcal
11 g EW/11 g F/31 g KH

1 Die Rösti in eine Schüssel füllen und die italienischen Kräuter untermischen. Die Eier in einer Rührschüssel verquirlen. Mit Salz, Pfeffer und Muskat würzen und unter die Kartoffeln rühren.

2 In einer Pfanne (24 cm Ø) 2 EL Butterschmalz erhitzen und die Zwiebeln mit Knoblauch darin anbraten. Die Kartoffelmischung hineingeben und bei mittlerer Hitze 7 Min. braten.

3 Das Rösti auf einen Teller gleiten lassen. Das restliche Butterschmalz in der Pfanne schmelzen, das Rösti umgedreht in die Pfanne geben und in weiteren 7 Min. fertig garen. Das Rösti wie Kuchenstücke aufschneiden.

MENÜ

Mit Italienischem Gemüsetopf mit Huhn (Seite 9) und Torteletts mit Vanillepudding (Seite 60) ein Menü für jeden Tag.

Asiatische Gemüsepfanne

- Für Gäste
- Gelingt leicht

Für 4 Personen:

- **2 EL geröstetes Sesamöl (Tip Seite 21)**
- **2 Packungen tiefgekühltes Pfannengemüse chinesisch (je 300 g)**
- **5 EL Sojasauce**
- **1 Fläschchen Sangrita Picante (100 ml)**
- **1 Beutel tiefgekühlte, gegarte Garnelen (400 g)**
- **1 Prise Chinesische 5-Gewürzmischung**
- **100 g Glasnudeln**

Zubereitungszeit: 25 Min.

Pro Portion ca.: 1700 kJ/405 kcal
27 g EW/14 g F/39 g KH

1 Das geröstete Sesamöl in einer breiten Pfanne erhitzen.

2 Das Gemüse in die Pfanne geben und 10 Min. dünsten. Die Sojasauce und die Sangrita unterrühren und aufkochen lassen.

3 Die Garnelen untermischen und 10 Min. garen. Mit der chinesischen 5-Gewürzmischung abschmecken.

4 Gleichzeitig die Glasnudeln mit kochendem Wasser überbrühen und 10 Min. ziehen lassen. In ein Sieb geben, gut abtropfen lassen, mit einer Küchenschere zuschneiden und mit dem Garnelengemüse anrichten.

MENÜ

Mit Rote-Bete-Cremesuppe (Seite 8) und Kokosterrine mit Litschis (Seite 58) ein Menü für Gäste.

Gemüsetortilla mit Schafkäse

- Schnell
- Vegetarisch

Dieses Gericht ist besonders ballaststoffreich, wenn Sie die vorgeschlagene speziell abgestimmte Gemüsemischung verwenden.

Für 4 Personen:

- **1 Packung tiefgekühltes Gemüse (300 g; z. B. Vivactiv Ballaststoff-Auswahl von Iglo)**
- **6 Eier**
- **1 Päckchen tiefgekühlte Petersilie**
- **Salz · Pfeffer**
- **5 EL Milch**
- **1 EL Mehl**
- **100 g Schafkäse**

Zubereitungszeit: 20 Min.

Pro Portion ca.: 1330 kJ/315 kcal
21 g EW/21 g F/9 g KH

1 Das Gemüse unaufgetaut mit 4 EL Wasser in einer möglichst beschichteten Pfanne bei starker Hitze unter mehrmaligem Wenden 4 Min. anbraten. Die Hitze reduzieren.

2 Die Eier mit Milch, Mehl, Petersilie, Salz und Pfeffer verquirlen, über das Gemüse in der Pfanne gießen.

3 Den Schafkäse in kleinen Würfeln über die Ei-Masse verteilen.

4 Zugedeckt 10 Min. stocken lassen, wenden und in 5 Min. fertiggaren. Dazu paßt Vollkornbrot.

MENÜ

Mit asiatischem Gemüsesalat (Seite 21) und gratinierten Birnen (Seite 56) ein Menü für jeden Tag.

Aus dem Backofen

Super bequem und deshalb so beliebt sind Gerichte aus dem Backofen. Auch kleine Reste lassen sich gut unterbringen.
Man braucht nicht viele verschiedene Töpfe, nur eine Auflaufform, und wenn die einmal im Ofen steht, dann ist die Arbeit auch schon getan.

Auf den Teig und in den Ofen

Herzhafte Kuchen, Quiches und Pizzen sind ohne Ende im Einsatz als schnelles Essen für jeden Tag, für Parties oder für Feste. Super sind hier die fertigen Teige, die es im Päckchen zum Anrühren oder im Kühlregal einfach nur noch zum Ausrollen gibt. Wenn man so etwas im Vorrat hat, bedeutet auch Überraschungsbesuch keinen Streß mehr. Ganz besonders praktisch für Pizza oder Calzone ist der Teig von der Rolle. Er ist schon fix und fertig ausgerollt und muß nur noch belegt und gebacken werden. Belegen kann man dann mit dem, was gerade im Kühlschrank ist, einfach nur mit Salami und Käse, mit Tomaten, Schinken, Gemüse, Fisch oder mit einer kunterbunten Mischung aus vielem. Frisch aus dem Ofen schmecken Quiche und Pizza natürlich am besten, aber auch kalt kann man sie gut anbieten. Falls was übrig bleibt, einfach einfrieren, am besten stückweise.

Für herzhaftes Gebäck, Quiche und Pizza finden Sie viele Halbfertig- und Fertigteige im Supermarkt.

Einfach überbacken!

Am einfachsten und schnellsten sind Gratins und Aufläufe aus allem, was der Vorrat bietet. Wenn die Zutaten dafür schon gegart sind, geht's besonders schnell. Nur einfach in eine gefettete Gratinform geben, mit geriebenem Käse bestreuen und bei ca. 200° 20–30 Min. überbacken, bis der Käse geschmolzen ist. Sie können den Käse auch mit Sahne oder Crème fraîche mischen oder eine fertige Gratinsauce verwenden. Die können Sie mit geriebenem Käse oder Mozzarella sowie frisch gehackten Kräutern anreichern. Noch schneller geht's mit fertigen Gratins, die man nur noch in den Backofen schieben muß. Sie werden als Trocken- oder Tiefkühlprodukt in ständig wachsender Auswahl im Handel angeboten.
Zu Gratins passen Saucen, zum Beispiel eine Tomaten- oder Kräutersauce, eine Pilz-Senf- oder Meerrettichsauce, alle gibt's schon fix und fertig zu kaufen. Einfach frische Kräuter und etwas geschlagene Sahne untermischen, das pept enorm auf.

Schnell was zaubern aus dem Vorrat

Noch effektiver können Sie die Vielfalt der Convenience-Produkte nutzen, wenn Sie immer einen Grundvorrat im Haus haben. Ich habe einen Teil der Rezepte in diesem Buch so entwikkelt, daß Sie auf Produkte aus dem Grundvorrat zurückgreifen und schnell eine köstliche Mahlzeit kochen können. Im Rezept-Wegweiser auf Seite 2 und 3 finden Sie die Rezepte unter »Aus dem Grundvorrat«.

Diese Produkte sollten Sie immer im Grundvorrat haben:

- Dosentomaten und passierte Tomaten – für ein Ragout, eine Sauce, eine Suppe
- fertige Tomatensaucen; sie gibt's mit Kräutern, Knoblauch und Fleisch
- Gemüsekonserven: Bohnen, Kichererbsen, Linsen, Sauerkraut, Rotkohl, Gurken, Möhren, Mais
- Obstkonserven: Pfirsiche, Aprikosen, Birnen, Ananas, Mandarinen, Litschies, Mangos
- Fischkonserven: Thunfisch, Sardinen, Shrimps, Krabben, Muscheln
- Kartoffel-Fertigprodukte wie Püree, Knödel, Bratkartoffeln, Puffer und Rösti. Sie gibt es als Trocken- und Tiefkühlprodukte.
- Reis (zeitsparend ist der Schnellkochreis) und Nudeln
- Fertigteige: Blätterteig (tiefgefroren), fertige Böden für Pizza (Kühlregal), Fertigteige (im Kühlregal) und die unterschiedlichsten Backmischungen
- Tiefkühlprodukte: Gemüse, Beeren, Kräuter
- Käse: schon gerieben in der Tüte, deshalb gut zu dosieren; Parmesan zum Streuen in der Dose; Schnittkäse in Scheiben und vakuumverpackt; Mozzarella – ihn kann man auch gut einfrieren.
- Wurstwaren, eingeschweißt oder in Dosen; als Pizzabelag, für Suppen, Eintöpfe und Aufläufe.
- Das sollte nie fehlen: Instantbrühe oder -würfel, Milch, Eier, Sahne, Butter, Essig, Öl, Gewürze, Senf, Meerrettich, Zwiebeln, Knoblauch.

Ein Grundvorrat erleichtert das Kochen sehr. Er muß nur immer wieder aufgefüllt und ab und zu mit frischer Ware ergänzt werden.

Keine Träne für die Zwiebel!

Zwiebeln, Schalotten und Knoblauch sind in der Küche unentbehrlich. Das Schälen und Hacken hält allerdings auf, und dabei fließt auch schon einmal ein Tränchen. Das muß nicht sein, denn die drei Kumpane gibt es feingehackt und gefriergetrocknet im Schraubglas oder tiefgekühlt. Sie schmecken sehr gut, lassen sich toll dosieren, und man spart Zeit.

Calzone mit Spinat und Thunfisch

- Für Gäste
- Aus dem Grundvorrat

Für 4 Personen:

1 Zwiebel
2 Knoblauchzehen
2 EL Olivenöl
450 g tiefgekühlter Blattspinat
Salz · Pfeffer
Muskatnuß, frisch gerieben
1 TL Oregano
2 Dosen Thunfisch im eigenen Saft (je 195 g Inhalt)
1 Kugel Mozzarella (150 g)
2 Pizzaböden (aus dem Kühlregal)
Fett für das Backblech

Zubereitungszeit: 50 Min.

Pro Portion ca.: 1790 kJ/425 kcal 73 g EW/16 g F/72 g KH

1 Die Zwiebel und den Knoblauch schälen und fein hacken. 1 EL Olivenöl erhitzen und beides darin anbraten. Den Blattspinat darin bei schwacher, dann bei mittlerer Hitze auftauen lassen. Mit Salz, Pfeffer, Muskat und Oregano würzen.

2 Den Backofen auf 225° vorheizen. Den Thunfisch abtropfen lassen, mit einer Gabel zerkleinern und unter den Spinat mischen. Den Mozzarella in kleine Würfel schneiden und untermischen.

3 Ein Backblech einfetten (oder mit Backpapier auslegen). Die Spinatmischung gleichmäßig jeweils auf einer Hälfte der beiden Teigböden verteilen, dabei einen etwa 2 cm breiten Rand frei lassen.

4 Die Teigböden in der Mitte halbmondförmig zusammenklappen, die Ränder fest mit einer Gabel zusammendrücken. Die Calzone auf das Backblech setzen. Mit dem restlichen Öl bestreichen und im Ofen (Mitte, Umluft 200°) 25 Min. backen.

MENÜ

Mit herzhafter Tomatensuppe (Seite 6) und Vanillequark (Fertigprodukt) mit Kirschen aus dem Glas ein Menü für jeden Tag.

Gemüse-Kartoffel-Gratin

- Gut vorzubereiten
- Gelingt leicht

Für 4 Personen:

1 EL Öl
300 g Schweinemett
2 Packungen tiefgekühltes italienisches Pfannengemüse (je 300 g)
1 Packung Kartoffelpüree für 4 Personen (siehe Tip)
Milch nach Packungsangabe
Salz · Pfeffer
1 Prise Muskat, frisch gerieben
100 g geriebener Emmentaler (aus dem Päckchen)
Fett für die Form

Zubereitungszeit: 30 Min.

Pro Portion ca.: 1925 kJ/460 kcal 27 g EW/39 g F/32 g KH

1 Das Öl in einer Pfanne erhitzen, das Schweinemett darin krümelig braten. Das Pfannengemüse untermischen und alles 5 Min. dünsten. Den Backofen auf 200° vorheizen.

2 Inzwischen das Kartoffelpüree nach Packungsanleitung mit Milch und Wasser nach Packungsangabe zubereiten und mit Salz, Pfeffer und Muskat würzen.

3 Eine Gratinform einfetten und die Gemüsemischung einfüllen. Das Kartoffelpüree mit der Hälfte des Käses verrühren und darauf verteilen. Die Oberfläche glattstreichen und mit dem restlichen Käse gleichmäßig bestreuen. Das Gratin im Backofen (Mitte, Umluft 180°) 20 Min. überbacken, bis der Käse geschmolzen ist.

TIP!

Beim Kartoffelpüree müssen Sie darauf achten, für welche Personenzahl die Packung berechnet ist und entsprechend Flüssigkeit verwenden. Sie können natürlich auch das Püree verwenden, das nur mit Wasser zubereitet wird.

MENÜ

Mit Matjes mit Kräutersauce (Seite 26) und Zitrus-Käsetorte (Seite 60) ein Menü für jeden Tag.

Im Bild vorne: Calzone mit Spinat und Thunfisch
Im Bild hinten: Gemüse-Kartoffel-Gratin

Crêpes mit Pilzfüllung

- Für Gäste
- Gut vorzubereiten

Für 4 Personen:

Für die Crêpes:
1 Packung Pfannkuchenteig
4 Eier
1/2 TL Salz
8 TL Butterschmalz
Für die Füllung:
1 Zwiebel
2 Knoblauchzehen
2 EL Butter
2 Packungen tiefgekühlte Champignons (je 350 g)
150 g Crème fraîche
1 gehäufter EL Saucenbinder
Salz · Pfeffer
Muskatnuß, frisch gerieben
1 Bund Petersilie (Tip Seite 29)
50 g geriebener Käse

Zubereitungszeit: 40 Min.

Pro Portion ca.: 1625 kJ/385 kcal
73 g EW/13 g F/69 g KH

1 Für die Crêpes den Pfannkuchenteig nach Packungsanleitung mit den Eiern, 1/2 l Wasser und dem Salz zubereiten. Möglichst in einer beschichteten Pfanne in je 1 TL Butterschmalz 8 dünne Pfannkuchen ausbacken.

2 Für die Füllung die Zwiebel und den Knoblauch schälen und fein hacken. Die Butter in einer Pfanne erhitzen, Zwiebel und Knoblauch darin glasig braten. Die Pilze 5 Min. mitdünsten.

3 Die Crème fraîche mit dem Saucenbinder unter die Pilze rühren. Mit Salz, Pfeffer und Muskat würzen und weitere 5 Min. köcheln lassen. Die Petersilie waschen, abzupfen, fein hacken und unter die Pilze mischen.

4 Den Backofen auf 220° vorheizen. Eine Gratinform einfetten. Die Pilze bis auf ein Drittel auf den Crêpes verteilen. Die Crêpes zusammenrollen und in die Gratinform legen. Die restlichen Pilze darauf verteilen und alles mit dem Käse bestreuen. Die Crêpes im Backofen (Mitte, Umluft 200°) in 15 Min. gratinieren.

TIP!

Die Pfannkuchen können Sie schon am Vortag backen.

MENÜ

Mit Senfgurkencreme (Seite 14) und Gratinierten Birnen (Seite 56) ein Menü für jeden Tag.

Lauchtarte mit Gorgonzola

- Gut vorzubereiten
- Vegetarisch

Für 4 Personen:

2 Packungen tiefgekühlter Rahmporree (je 450 g)
150 g Gorgonzola
Salz · Pfeffer
1 Prise Muskatnuß, frisch gerieben
1 Packung Mürbeteig (200 g, Kühlregal)
Fett für die Form
Mehl für die Arbeitsfläche

Zubereitungszeit: 40 Min. (ohne Auftauzeit)

Pro Portion ca.: 2090 kJ/500 kcal 15 g EW/35 g F/32 g KH

1 Den Rahmporree auftauen lassen. Den Gorgonzola mit einer Gabel zerkleinern und untermischen. Mit Salz, Pfeffer und Muskat würzen.

2 Den Backofen auf 200° vorheizen. Eine Form von etwa 26 cm Ø einfetten.

3 Den Teig auf einer bemehlten Fläche ausrollen. In die Form legen und einen Rand von etwa 3 cm hochdrücken. Die Porree-Gorgonzola-mischung gleichmäßig darauf verteilen.

4 Die Lauchtarte im Backofen (Mitte, Umluft 180°) 30 Min. backen.

VARIANTEN

Wirsingtarte
Einfach die gleiche Menge tiefgekühlten Rahmwirsing nehmen, 500 g angebratenes Schweinemett untermischen und mit 100 g geriebenem Emmentaler bestreuen.
Unter den Lauch können Sie noch 250 g kleingewürfeltes Kasseler mischen.
Statt dem Mürbeteig können Sie auch 300 g Blätterteig verwenden. Die Platten auftauen lassen, aufeinanderlegen und zu einem etwas größeren Kreis als die Form ausrollen. In die Form legen, einen Rand formen und die Tarte wie mit Mürbeteig zubereiten.

MENÜ

Mit Gyrossalat mit Mais (Seite 20) und Schokomousse mit Vanillesauce (Fertigprodukte) ein festliches Menü.

Rosenkohlgratin mit Putenbrust

- Für Gäste
- Gelingt leicht

Für 4 Personen:

Salz
2 Packungen tiefgekühlter Rosenkohl (je 450 g)
1 kleine Zwiebel
1 Knoblauchzehe
1 EL Butter
1 Packung Pfannensahne (220 g)
100 g Roquefort
Pfeffer
300 g geräucherte Putenbrust
Fett für die Form

Zubereitungszeit: 25 Min.

Pro Portion ca.: 2020 kJ/480 kcal
33 g EW/32 g F/17 g KH

1 In einem großen Topf reichlich Salzwasser aufkochen lassen. Den Rosenkohl darin 5 Min. blanchieren, dann in einem Sieb sehr gut abtropfen lassen.

2 Die Zwiebel und den Knoblauch schälen und fein hacken. Die Butter in einer Pfanne erhitzen, Zwiebel und Knoblauch darin anbraten.

3 Die Pfannensahne hinzufügen, den Roquefort zerbröckeln und unterrühren. Die Sauce mit wenig Salz und Pfeffer würzen.

4 Den Backofen auf 220° vorheizen. Eine Gratinform einfetten. Die Putenbrust in Würfel schneiden und mit dem Rosenkohl in die Gratinform füllen. Mit der Sauce übergießen und im Backofen (Mitte, Umluft 200°) in etwa 10 Min. gratinieren. Dazu schmeckt Kartoffelpüree mit Kräutern.

VARIANTE

Wer Rosenkohl nicht so gerne mag, kann auch die gleiche Menge Broccoli nehmen.

MENÜ

Mit Reissalat mit Erbsen und Shrimps (Seite 25) und Gefüllten Pfannkuchen mit Erdbeerquark (Seite 58) ein Menü für Gäste.

Schweinemedaillons auf Kartoffelpuffer

- Für Gäste
- Gelingt leicht

Für 4 Personen:

8 tiefgekühlte Kartoffelpuffer
4 EL Öl
8 Schweinemedaillons (je etwa 80 g)
Salz · Pfeffer
2 Fleischtomaten
4 EL Pesto (aus dem Glas oder Tip Seite 22)
2 Kugeln Mozzarella
Fett für das Backblech

Zubereitungszeit: 25 Min.

Pro Portion ca.: 3135 kJ/750 kcal
54 g EW/31 g F/14 g KH

1 In einer beschichteten Pfanne je 1 EL Öl erhitzen und die Kartoffelpuffer darin in zwei Portionen beidseitig goldbraun braten. Ein Blech einfetten und die Kartoffelpuffer nebeneinander daraufsetzen. Den Backofen auf 220° vorheizen.

2 Das restliche Öl in der Pfanne erhitzen und die Schweinemedaillons darin 5 Min. beidseitig kräftig anbraten, mit Salz und Pfeffer würzen.

3 Die Tomaten waschen, abtrocknen und in acht Scheiben schneiden. Die Kartoffelpuffer mit den Tomatenscheiben belegen. Die Schweinemedaillons darauf setzen und mit dem Pesto bestreichen.

4 Den Mozzarella in Scheiben schneiden, auf das Fleisch legen und mit Pfeffer übermahlen. Im Backofen (Mitte, Umluft 200°) in 10 Min. überbacken, bis der Käse zu schmelzen beginnt.

MENÜ

Mit Senfgurkencreme mit Krabben (Seite 14) und Zitrus-Käsetorte (Seite 60) ein Menü für Gäste.

Im Bild vorne:
Rosenkohlgratin mit Putenbrust
Im Bild hinten:
Schweinemedaillons auf Kartoffelpuffer

Gemüse-Nudelgratin mit Würstchen

- Aus dem Grundvorrat
- Preiswert

Für dieses unkomplizierte Gratin können Sie auch gut Bratenreste vom Vortag oder Schinkenwürfel verwenden.

Für 4 Personen:

Salz
1 Packung tiefgekühlte Gemüsemischung (600 g)
1 Glas Knackwürste (250 g Inhalt)
1 Packung Nudelgratin (Fertigprodukt)
1/4 l Fleischbrühe
250 g Sahne
Salz · Pfeffer
Muskatnuß, frisch gerieben
100 g geriebener Emmentaler
Fett für die Form

Zubereitungszeit: 25 Min.

Pro Portion ca.: 2600 kJ/620 kcal
23 g EW/55 g F/15 g KH

1 Den Backofen auf 250° vorheizen. Reichlich Salzwasser aufkochen lassen und das Gemüse darin 4 Min. blanchieren, in ein Sieb geben, eiskalt abschrecken und sehr gut abtropfen lassen.

2 Die Würstchen aus dem Glas nehmen und in Scheiben schneiden. Mit dem Gemüse, der Hälfte des Emmentalers und der Nudelmischung, der Fleischbrühe und der Sahne verrühren und mit Salz, Pfeffer und Muskat würzen.

3 Eine Auflaufform einfetten, die Mischung einfüllen, mit dem restlichen Käse bestreuen und im Backofen (Mitte, Umluft 220°) in 20 Min. überbacken. Dazu paßt gemischter Blattsalat, den Sie fertig im Kühlregal finden.

MENÜ

Mit Linsensuppe mit Entenbrust (Seite 10) und Reisauflauf mit Himbeeren (Seite 57) ein Menü für jeden Tag.

Gemüsequiche mit Pinienkernen

- Raffiniert
- Für Gäste

Für 4 Personen:

1 Beutel Fixteig für Pizza und Gemüsekuchen (230 g)
2 Packungen tiefgekühltes Rahmgemüse (je 300 g)
200 g Sahne
200 g Kräuterfrischkäse
Salz
Pfeffer
Muskatnuß, frisch gerieben
50 g Pinienkerne
50 g Parmesan, frisch gerieben
Fett für die Form

Zubereitungszeit: 35 Min.

Pro Portion ca.: 2865 kJ/685 kcal
24 g EW/48 g F/38 g KH

1 Den Teig nach Pakkungsanleitung mit 1/8 l lauwarmem Wasser zubereiten und zugedeckt 20 Min. gehen lassen. Den Backofen auf 200° vorheizen.

2 Inzwischen das Rahmgemüse mit der Sahne in einen Topf geben. Aufkochen und 8 Min. bei mittlerer Hitze andünsten. Den Kräuterfrischkäse untermischen und dabei häufig umrühren, bis er sich aufgelöst hat.

3 Das Gemüse mit Salz, Pfeffer und Muskat würzen und die Pinienkerne dazugeben.

4 Den Teig auf einer bemehlten Arbeitsfläche ausrollen, in eine Form von etwa 26 cm Ø legen und einen etwa 3 cm hohen Rand formen. Die Gemüsemischung darauf verteilen und mit dem Parmesan gleichmäßig bestreuen.

5 Die Gemüsequiche im Backofen (Mitte, Umluft 180°) 35 Min. backen. Gleich heiß aus dem Backofen servieren.

TIP!

Die Quiche schmeckt auch kalt sehr fein. Gut paßt dazu eine Kräuterquarksauce.

MENÜ

Mit Bohnensalat mit Kronsild (Seite 18) und Gratinierten Schupfnudeln (Seite 54) ein Menü für jeden Tag.

Seelachsfilet auf Spinatbett

- Für Gäste
- Raffiniert

Für 4 Personen:

2 Packungen tiefgekühltes Seelachsfilet (je 400 g)
3 EL Zitronensaft
2 Packungen tiefgekühlter Blattspinat (je 300 g)
1 Zwiebel
2 Knoblauchzehen
1 EL Butter
100 ml Milch
Salz · Pfeffer
Muskatnuß, frisch gerieben
1 Packung Tomatensauce mit Basilikum (370 g)
Fett für die Form

Zubereitungszeit: 30 Min. (ohne Antauzeit)

Pro Portion ca.: 1090 kJ/236 kcal
87 g EW/4 g F/70 g KH

1 Den Fisch aus der Packung nehmen, nebeneinander auf eine Platte legen, mit dem Zitronensaft beträufeln und antauen lassen. Den Spinat ebenfalls aus der Packung nehmen und antauen lassen. Den Backofen auf 220° vorheizen.

2 Die Zwiebel und den Knoblauch schälen und fein hacken. Die Butter in einer Pfanne erhitzen, Zwiebel und Knoblauch kurz anbraten. Den Spinat und die Milch dazugeben und 5 Min. zugedeckt dünsten. Mit Salz, Pfeffer und Muskat würzen.

3 Eine Gratinform einfetten und den Spinat darin verteilen. Den Fisch darauf legen und die Tomatensauce darüber gießen. Im Backofen (Mitte, Umluft 200°) 20 Min. garen. Dazu passen Salzkartoffeln oder Reis.

MENÜ

Mit Broccolimousse (Seite 26) und Gefüllten Pfannkuchen (Seite 58) ein festliches Menü.

Geflügelsteaklets auf Rahmwirsing

- Für Gäste
- Raffiniert

Für 4 Personen:

1 Packung tiefgekühlter Rahmwirsing (450 g)
200 g Sahne
2 EL Butterschmalz
2 Packungen tiefgekühlte Geflügel-Steaklets (je 300 g)
100 g geriebener Käse (Gouda, Emmentaler)
Salz · Pfeffer
Muskatnuß, frisch gerieben
Fett für die Form

Zubereitungszeit: 25 Min.

Pro Portion ca.: 1895 kJ/455 kcal
21 g EW/36 g F/16 g KH

1 Den Rahmwirsing mit der Sahne in einen Topf geben und 10 Min. köcheln lassen. Den Backofen auf 220° vorheizen.

2 Das Butterschmalz in einer Pfanne erhitzen und die Steaklets darin beidseitig 5 Min. anbraten.

3 Eine Gratinform einfetten und die Steaklets nebeneinander hineinlegen.

4 Den Wirsing mit Salz, Pfeffer und Muskat würzen, die Hälfte des Käses untermischen. Den Wirsing gleichmäßig auf den Putenmedaillons verteilen. Mit dem restlichen Käse gleichmäßig bestreuen und im Backofen (Mitte, Umluft 200°) in 15 Min. gratinieren. Dazu passen Kartoffelplätzchen (Fertigprodukt) oder Kartoffelpüree aus der Tüte.

MENÜ

Mit Kartoffelcremesuppe mit Krabben (Seite 6) und Pfirsich-Himbeersalat (aus Dosenpfirsichen und tiefgekühlten Himbeeren) ein festliches Menü.

Im Bild vorne: Seelachsfilet auf Spinatbett
Im Bild hinten: Geflügelsteaklets auf Rahmwirsing

Süßer Genuß

Ein schönes Dessert schafft jeder noch, selbst nach einem üppigen Essen. Es ist einfach die Krönung eines klassischen Menüs und bei klein und groß gleichermaßen beliebt. Das einfachste und nach wie vor sehr beliebte Dessert ist Vanilleeis mit heißen Sauerkirschen oder Himbeeren. Die Zutaten dafür kann man immer zu Hause haben und so auch mal für eine große Runde blitzschnell ein Dessert zaubern. Weil alle so gerne Süßes essen, könnten Sie auch mal ein süßes Hauptgericht, zum Beispiel den Reis-Himbeerauflauf (Seite 57) machen, davor Salat oder ein Süppchen, dann hat man eine komplette Mahlzeit.

Süße Fertigprodukte lassen sich nicht nur schnell zubereiten, sondern auch noch raffiniert veredeln.

Vielseitige Früchtchen

In der Tiefkühltruhe finden Sie Beeren in bester Qualität, ideal als Kuchenbelag, schnell in eine Creme gerührt oder heißgemacht auf Eis. In Dosen und Gläsern sind Fruchtsorten wie Ananas, Pfirsiche, Aprikosen, Birnen, Mandarinen, Pflaumen und Kirschen am bekanntesten. In gut sortierten Supermärkten oder Asienläden gibt es auch Exotisches wie Litschis oder Mango. Die Früchte können Sie ganz einfach mit etwas Rum, Cognac oder Obstbrand beträufeln und Schlagsahne oder Eis als Dessert servieren.
Sie sind aber auch sonst ganz vielseitig verwendbar: püriert als fruchtige Sauce zu Eis oder Pudding oder unter Quark gemischt. Auch in Stücke geschnitten schmeckt das Obst gut in Quark oder Milchreis.

Das hat gerade noch gefehlt

Sind Sie mit Ihrem Dessert noch nicht so ganz zufrieden? Kein Problem, mit ein paar Kleinigkeiten aus dem Vorrat ist es leicht aufgemotzt:

- Einfach einen Schuß Alkohol in Cremes rühren oder über den Obstsalat gießen: Orangen- oder anderer Obstlikör, Cognac, Fruchtlimes, Kokoslikör und Rum – ist aber natürlich nichts für Kinder.
- Gemahlene oder gehackte Mandeln oder Nüsse können Sie unter Cremes und Grützen mischen oder aufstreuen. Das bekommt nicht nur dem Aroma, sondern oft auch der Konsistenz. Besonders dekorativ sehen gehackte grüne Pistazienkerne aus.
- Ein bißchen Zitrusaroma z. B. in Quarkspeisen schmeckt erfrischend und paßt immer. Ebenso wie Vanillearoma bekommen Sie Orangen- oder Zitronenschale in Beutelchen.
- Mit Puderzucker oder Kakaopulver bestäubt, sieht manches Dessert gleich richtig vornehm aus.
- Ein kleiner Zweig Minze oder Zitronenmelisse, frische Beeren oder Fruchtscheiben geben einem Dessertteller das richtige Outfit.

Ganz schnell gezaubert: Eis

Unterschiedliche Sorten wie Sorbet und Sahneeis (aus der Tiefkühltruhe) mit einer Nocke fertiger Schokoladenmousse auf Fruchtsauce angerichtet, garniert mit Minze – das sieht aus wie im Sternerestaurant und ist in Minuten fertig.

Schnelle Kuchen

Kuchen und Gebäck gibt's traditionsgemäß zum Nachmittagskaffee oder zum Kaffeeklatsch am Wochenende. Mit den Fertigteigen aus Kuhlregal oder Kühltruhe und den halbfertigen Backmischungen ist Kuchenbacken wirklich keine Sache! Ganz besonders einfach ist es mit einem gebackenen Biskuitboden, den Sie mit Obst (aus der Dose) belegen oder mit einer Creme bestreichen können.
Für Überraschungsbesuch oder als schnelles Dessert sind fertig gebackene Mürbeteigtorteletts ideal. Sie sollten immer ein paar davon im Vorrat haben; sie halten sich ganz prima in einer gut verschließbaren Blechdose. Man kann sie immer wieder anders füllen, zum Beispiel mit fertiger Schokomousse, mit Pudding aus dem Becher oder mit Beeren und Früchten.

Das ganze Jahr über gibt's diese Früchte: aus der Dose oder Tiefkühltruhe.

Gratinierte Schupfnudeln mit Mohnsauce

- Raffiniert
- Gelingt leicht

Für 4 Personen:

Salz
500 g Schupfnudeln (aus dem Kühlregal)
1 Packung Mohnback (250 g)
150 g Crème fraîche
3 EL Rosinen
Fett für die Form
Puderzucker zum Bestreuen

Zubereitungszeit: 25 Min.

Pro Portion ca.: 2630 kJ/630 kcal
21 g EW/39 g F/57 g KH

1 Den Backofen auf 220° vorheizen. Reichlich Salzwasser aufkochen lassen und die Schupfnudeln darin 5 Min. garen. Mit einem Schaumlöffel herausnehmen und gut abtropfen lassen.

2 Den Mohn mit der Crème fraîche in einem Topf verrühren, aufkochen lassen und die Rosinen untermischen.

3 Eine Gratinform einfetten und die Schupfnudeln darin verteilen. Mit der Mohnsauce übergießen und im Backofen (Mitte, Umluft 200°) 15 Min. gratinieren. Herausnehmen und mit Puderzucker bestreuen.

VARIANTE

Sie können die gegarten Schupfnudeln einfach mit Zimtzucker bestreuen und Kompott dazu reichen.

TIP!

Die Schupfnudeln können Sie auch als Beilage oder als herzhaftes Gericht servieren mit einer Speck-Zwiebelmischung oder vegetarisch mit Sauerkraut.

Pflaumengrütze mit Vanilleeis

- Für Gäste
- Gut vorzubereiten

Für 4 Personen:

1 Glas Pflaumen (395 g Inhalt)
4 EL Zwetschgenschnaps (ersatzweise Pflaumensaft)
2 Päckchen Gelin (Geliermittel)
50 g Zucker
1 Prise Zimtpulver
2 EL gehackte Mandeln
4 Kugeln Vanilleeis (Fertigprodukt)

Zubereitungszeit: 10 Min.
Kühlzeit: 30 Min.

Pro Portion ca.: 1040 kJ/250 kcal
5 g EW/7 g F/45 g KH

1 Die Pflaumen in einem Sieb abtropfen lassen und den Saft dabei auffangen. Die Pflaumen kleinschneiden und in einer Schüssel mit dem Zwetschgenschnaps mischen.

2 Von dem Saft 200 ml abmessen und in eine Schüssel geben. Das Gelin, den Zucker und den Zimt mit dem Schneebesen des Handrührers 1 Min. unterrühren.

3 Die marinierten Pflaumen mit den gehackten Mandeln unter die Saftmischung rühren. Die Pflaumengrütze für 30 Min. zum Gelieren kalt stellen.

4 Die Pflaumengrütze mit dem Vanilleeis auf Tellern verteilen.

VARIANTE

Statt Pflaumen können Sie auch Sauerkirschen aus dem Glas, tiefgekühlte Himbeeren oder Erdbeeren oder eine Mischung aus verschiedenen Beeren verwenden.
Anstelle von Gelin können Sie auch Gelatine zum Gelieren nehmen, allerdings dauert's dann länger.

TIP!

Sie können die Grütze vor dem Gelieren gleich in Portionsschälchen füllen. Anstelle von Eis paßt auch Vanillesauce (gibt's fertig in Gläsern oder zum Anrühren) sehr gut.

Im Bild vorne: Pflaumengrütze mit Vanilleeis
Im Bild hinten: Gratinierte Schupfnudeln

Gratinierte Birnen mit Marzipan

- Gelingt leicht
- Für Gäste

Für 4 Personen

8 Birnenhälften (aus der Dose oder aus dem Glas)
100 g Marzipanrohmasse
2 EL flüssiger Honig
3 EL Birnengeist nach Belieben (ersatzweise Saft)
150 g Crème fraîche
Fett für die Form

Zubereitungszeit: 25 Min.

Pro Portion ca.: 2310 kJ/555 kcal
4 g EW/19 g F/91 g KH

1 Die Birnen aus dem Saft nehmen und in einem Sieb gut abtropfen lassen, dabei den Saft auffangen. Den Backofen auf 250° vorheizen.

2 Die Marzipanrohmasse mit dem Honig und dem Birnengeist vermischen. Die Birnenhälften mit der Mischung bestreichen.

3 Eine Gratinform einfetten und die Birnenhälften mit der Schnittfläche nach oben hineinlegen. Im Backofen (Mitte, Umluft 220°) in 5–7 Min. goldbraun gratinieren.

4 Gleichzeitig von dem Birnensaft 1/4 l abmessen, mit der Crème fraîche in einen Topf geben und um etwa ein Drittel einkochen lassen.

5 Die Birnen auf vier Tellern anrichten und mit der Sauce umgießen.

VARIANTE

Anstelle der Birnen schmecken auch Pfirsiche sehr fein. Sollten Sie frische Birnen verwenden, bitte schälen, halbieren, vom Kernhaus befreien und knapp mit Wasser bedeckt mit 1 Zimtstange in 10 Min. weich dünsten.

Reisauflauf mit Himbeeren

- Gut vorzubereiten
- Gelingt leicht

Der Auflauf reicht für 2–3 Personen als süßes Hauptgericht und ist mit einem Salat oder einer Suppe davor ein leichtes Menü.

Für 4 Personen:

1 Packung tiefgekühlte Himbeeren (250 g)
4 Eier
500 g Magerquark
3 Becher Milchreis, natur (je 200 g)
100 g gehackte Haselnüsse
1 Prise Salz
2 EL Butter
Fett für die Form

Zubereitungszeit: 30 Min.

Pro Portion ca.: 2160 kJ/515 kcal
31 g EW/31 g F/29 g KH

1 Die Himbeeren in eine Schüssel geben und antauen lassen. Den Backofen auf 250° vorheizen.

2 Die Eier trennen und die Eigelbe mit dem Quark, dem Milchreis und den Haselnüssen verrühren. Die Himbeeren untermischen.

3 Eine Gratinform einfetten. Die Eiweiße mit dem Salz zu sehr steifem Schnee schlagen, unter die Reismischung heben und in die Gratinform füllen.

4 Das Gratin mit der Butter in Flocken belegen und im Backofen (Mitte, Umluft 225°) 25 Min. backen.

VARIANTE

Anstelle der Himbeeren können Sie auch kleingeschnittene Äpfel, Birnen, Pfirsiche oder Aprikosen untermischen.

Kokosterrine mit Litschis

- Für Gäste
- Gut vorzubereiten

Für 4 Personen:

50 g Kokosflocken
3/8 l Milch
1 Packung Panna Cotta
250 g Sahne
1 Dose Litschis (400 g Inhalt)
6 EL Erdbeer-Limes nach Belieben
1/2 Bund Minze

Zubereitungszeit: 20 Min.
Kühlzeit: 2 Std.

Pro Portion ca.: 2000 kJ/480 kcal
6 g EW/26 g F/25 g KH

1 Die Kokosflocken in eine Schüssel geben, mit 1/8 l Milch mischen und bis zum Weiterverwenden ziehen lassen.

2 Die restliche Milch erwärmen und in einen Rührbecher gießen. Das Panna Cotta-Pulver dazugeben und 1 Min. mit den Schneebesen des Handrührgeräts auf stärkster Stufe schlagen. Die Sahne dazugeben und auf kleinster Stufe untermischen. Die marinierten Kokosflocken unterrühren.

3 Eine flache Form oder vier Portionsförmchen kalt ausspülen und die Mischung einfüllen. Im Kühlschrank in 2 Std. fest werden lassen.

4 Die Litschis in einem Sieb abtropfen lassen, den Saft auffangen und mit der Erdbeersauce von der Panna Cotta und dem Erdbeer-Limes verrühren. Die Minze abbrausen, die Blättchen bis auf vier schöne kleinschneiden. Die kleingeschnittene Minze mit der Sauce und den Litschis mischen und kaltstellen.

5 Die Kokoscreme stürzen, in Scheiben schneiden und mit den Litschis auf vier Tellern anrichten. Mit den Minzeblättchen garnieren.

VARIANTE

Anstelle der Kokosflocken können Sie auch Rumrosinen unter die Masse mischen.

TIP!

Für eine größere Personenzahl einfach die doppelte Menge nehmen und in eine kleine Kastenform füllen, das sieht sehr schön aus.

Gefüllte Pfannkuchen mit Erdbeerquark

- Gelingt leicht
- Gut vorzubereiten

Für 4 Personen:

1 Packung tiefgekühlte Erdbeeren (250 g)
1 Packung Pfannkuchenteig
4 Eier
1 Prise Salz
1 Packung grüne, gehackte Pistazien (25 g)
200 ml Milch
250 g Magerquark
1 Packung Dessertpulver für Quarkspeise, Zitrone
2 TL Butterschmalz

Zubereitungszeit: 25 Min.

Pro Portion ca.: 1975 kJ/470 kcal
21 g EW/13 g F/58 g KH

1 Die Erdbeeren in eine Schüssel geben und auftauen lassen.

2 Den Pfannkuchenteig nach Packungsanweisung mit den Eiern und dem Salz zubereiten, die Pistazien untermischen und den Teig 10 Min. quellen lassen.

3 Die Milch mit dem Quark in eine Schüssel füllen. Das Dessertpulver dazugeben und mit dem Schneebesen aufschlagen.

4 In einer Pfanne (am besten in einer beschichteten) 1 TL Butterschmalz erhitzen und mit einem Viertel des Teiges einen Pfannkuchen ausbacken. Mit dem restlichen Teig weitere 3 Pfannkuchen zubereiten.

5 Die Erdbeeren unter den Quark mischen. Den Erdbeerquark auf den Pfannkuchen verteilen, zusammenrollen und servieren. Nach Belieben Schlagsahne dazu reichen.

VARIANTEN

Unter den Quark können Sie jegliche Obst- oder Beerensorte mischen, es eignen sich Himbeeren, Pfirsiche, Aprikosen, Bananen.
Die Pfannkuchen können auch noch mit Crème fraîche übergossen und bei 180° 10 Min. gratiniert werden.

Im Bild vorne: Kokosterrine mit Litschis
Im Bild hinten: Gefüllte Pfannkuchen mit Erdbeerquark

Torteletts mit Vanillepudding und Aprikosen

- Schnell
- Aus dem Grundvorrat

Mürbeteigtorteletts sind ideal im Vorratsschrank. Man kann für Überraschungsbesuch zum Kaffee oder als Dessert schnell diese Törtchen zubereiten.

Für 6 Törtchen:

1 kleine Dose Aprikosen (240 g Inhalt)
1 Becher Sahnepudding Vanille (200 g)
1 EL Eierlikör nach Belieben (oder Sahne)
200 g Sahne
1 Packung Mürbeteigtorteletts (6 Stück)

Zubereitungszeit: 25 Min.

Pro Törtchen ca.:
1320 kJ/315 kcal
4 g EW/24 g F/21 g KH

1 Die Aprikosen in einem Sieb sehr gut abtropfen lassen (den Saft anderweitig verwenden).

2 Den Sahnepudding nach Belieben mit dem Eierlikör verrühren. Die Sahne steifschlagen und 2 EL davon untermischen. Die Aprikosenhälften in je drei Stücke schneiden.

3 Die Creme in den Torteletts verteilen und die Aprikosen sternförmig darauf legen. Die restliche Sahne in einen Spritzbeutel füllen und als Tupfen daraufsetzen.

VARIANTE

Auch mit anderen Obstsorten wie Pfirsich, Erdbeeren, Himbeeren oder Bananen schmecken sie sehr fein.

Zitrus-Käsetorte

- Für Gäste
- Gut vorzubereiten

Die Torte ist ganz einfach zubereitet, Sie brauchen nicht mal einen Backofen dafür!

Für 1 Springform von 26 cm Ø:

120 g Butter
200 g Löffelbiskuits
250 g Crème fraîche
100 g Zucker
600 g Doppelrahm-Frischkäse
je 1 Beutel geriebene Zitronen- und Orangenschale (je 6 g)
Fett für die Form

Zubereitungszeit: 30 Min.
Kühlzeit: 1–2 Std.

Bei 12 Stück pro Stück ca.:
1675 kJ/400 kcal
4 g EW/32 g F/25 g KH

1 Die Butter in einem kleinen Topf schmelzen. Die Biskuits im Blitzhacker zerkrümeln. Von den Krümeln 180 g abwiegen und in eine Schüssel füllen. Den Rest beiseite stellen.

2 Die Butter zu den Biskuitkrümeln in die Schüssel geben und zu einer Masse verrühren. Die Springform einfetten, die Krümelmischung auf dem Boden verteilen, gut festdrücken und kalt stellen.

3 Die Crème fraîche mit dem Zucker und dem Frischkäse mischen, die Zitronen und Orangenschale unterrühren. Die Käsecreme auf dem Krümelboden verteilen und die Oberfläche glattstreichen. Den Kuchen mindestens 1 Std. kalt stellen.

VARIANTE

Unter die Frischkäsemasse können Sie noch 2 zerdrückte Bananen mischen.

TIP!

Wenn's noch schneller gehen soll, können Sie anstelle des Bröselbodens auch einen fertigen Biskuitboden verwenden.

Im Bild vorne: Torteletts mit Vanillepudding und Aprikosen
Im Bild hinten: Zitrus-Käsetorte

Impressum

Redaktion: Christine Wehling
Lektorat: Adelheid Schmidt-Thomé,
Layout, Typographie, Umschlaggestaltung: Heinz Kraxenberger
Satz und Herstellung: Renate Hausdorf
Produktion: Helmut Giersberg
Fotos: Reiner Schmitz
Grafik: Iglo (Seite 29)
Reproduktion: Repro Schmidt, Dornbirn
Druck und Bindung: Kaufmann, Lahr
ISBN 3-7742-1500-6

Der Verlag und die Redaktion danken der Firma Iglo für die freundliche Unterstützung.

Auflage	5.	4.	3.	2.
Jahr	02	01	2000	99

Cornelia Adam
arbeitete zunächst als engagierte Hotelfachfrau. Später konnte sie ihre vielfältigen Erfahrungen berufsbedingter Auslandsaufenthalte als Redakteurin einer bekannten deutschen Frauenzeitschrift in Wort und Bild umsetzen. Seit langem arbeitet sie als freiberufliche Food-Journalistin für bekannte Frauenzeitschriften und erfolgreich als Kochbuchautorin.

Reiner Schmitz
begann seine berufliche Laufbahn in Düsseldorf und München als Assistent bei verschiedenen Food- und Stillife-Fotografen. 1989 machte er sich als Foto-Designer in diesen Spezialgebieten selbständig. Zu seinen Kunden zählen Industrie, Werbeagenturen und Verlage. Besonderen Wert legt Reiner Schmitz auf stimmungsvolle Aufnahmen, die die natürliche Frische der Lebensmittel wiedergeben. Die Fotos dieses Buches entstanden in enger Zusammenarbeit mit dem Koch und Foodstylisten Rudolf Vornehm.

GASHERD-TEMPERATUR
Die Temperaturstufen bei Gasherden variieren von Hersteller zu Hersteller. Welche Stufe Ihres Herdes der jeweils angegebenen Elektroherd-Temperatur entspricht, entnehmen Sie bitte der Gebrauchsanweisung.

Register nach Convenience-Produkten

In diesem Register sind alle Fertig- und Halbfertigprodukte, die in den Rezepten verwendet wurden, aufgelistet mit der Seitenangabe, wo Sie das Rezept finden. Die Produkte sind in 4 Gruppen unterteilt – je nach Konservierungsart – und dort alphabetisch sortiert.

Aus dem Kühlregal

Eingepackt und eingeschweißt

Aus der Tiefkühltruhe

Aus Dose und Glas

ABKÜRZUNGEN

TL = Teelöffel
EL = Eßlöffel
Msp. = Messerspitze

KJ = Kilojoules
Kcal = Kilokalorien
EW = Eiweiß
F = Fett
KH = Kohlenhydrate